AF299001

LE
GAMIN DE PARIS,

COMÉDIE-VAUDEVILLE EN DEUX ACTES,

Par MM. Bayard et C. Vanderburch.

REPRÉSENTÉE POUR LA PREMIÈRE FOIS, A PARIS, SUR LE THÉÂTRE
DU GYMNASE-DRAMATIQUE, LE 30 JANVIER 1836.

S'adresser pour la musique de cette pièce, et celle de tous les ouvrages qui composent le répertoire du Gymnase-Dramatique, à M. Lessin, bibliothécaire et copiste, au théâtre, ou à M. Marchant, libraire pendant des spectacles, rue Poissonnière, n°

PARIS

CHEZ MARCHANT, BOULEVART SAINT-MARTIN, N° 12.

Imprimerie de V. Dozier Depas, rue Saint-Louis, n° 46, au Marais.
1836.

PERSONNAGES.   ACTEURS.

LE GÉNÉRAL MORIN............ M. FERVILLE.

AMÉDÉE, son fils................ M. RHOZEVIL.

Mme DE MORIN, belle-sœur du général. Mme USANNAZ.

Mme MEUNIER, grand'-mère........ Mme JULIENNE.

JOSEPH,   }   ses petits enfans.........   M. BOUFFÉ,
ELISA,   }   Mlle SAUVAGE.

M. BIZOT, vieil employé............ M. KLEIN.

HILAIRE, valet de chambre du général. M. BORDIER.

DEUX DOMESTIQUES.

La scène se passe à Paris, au premier acte chez Mme Meunier, au deuxième acte dans l'hôtel du général Morin.

AVIS POUR MM. LES DIRECTEURS DE PROVINCE.

COSTUMES. — PREMIER ACTE.

Amédée. Costume très-simple.

DEUXIÈME ACTE.

Le général. Bonnet de velours violet; grande redingote bleue avec le ruban de la Légion-d'Honneur; gilet croisé et pantalon de molleton.—La jambe droite chaussée d'un large brodequin fourré d'étoffe; la pantoufle à l'autre pied. — Une canne sur laquelle il s'appuie en marchant.

Scène II *du deuxième acte.—Amédée.* Mise du jour très-élégante; le ruban à la boutonnière.

Joseph devant paraître très-jeune, ce rôle peut, au besoin, être distribué à l'acteur qui joue les jeunes premiers, ou même à l'emploi des *Déjazet.*

———

S'adresser pour la musique de cette pièce et celle de tous les ouvrages qui composent le répertoire du Gymnase-Dramatique, à M. HAUSSER, bibliothécaire et copiste, au théâtre; ou à M. FERVIELE, correspondant des spectacles, rue Poissonnière, n° 33.

Imprimerie de Ve DONDEY-DUPRÉ, rue Saint-Louis, n° 46, au Marais.

LE
GAMIN DE PARIS,

COMÉDIE-VAUDEVILLE EN DEUX ACTES

ACTE PREMIER.

Le théâtre représente une chambre simplement meublée. Porte d'entrée, au fond à l'extrême gauche; auprès se trouve la porte d'un cabinet. Une commode près du mur à droite.

SCÈNE PREMIÈRE.

AMÉDÉE, Mme MEUNIER, ÉLISA*.

(Au lever du rideau, Mme Meunier est assise, tricotant sans voir son ouvrage, le regard fixe et le sourire sur les lèvres. Amédée, assis à sa droite, fait son portrait au crayon. Elisa, assise à une table, à gauche, s'occupe à copier de la musique.)

AMÉDÉE.

Voilà un nez dont je ne suis pas content, il faut le refaire...

Mme MEUNIER.

Mon nez!.. mais vous n'en finirez donc pas, monsieur Amédée?... voilà trois heures que vous le tenez...

ÉLISA.

Allons, grand'mère, un peu de courage!... ça avance...

AMÉDÉE.

Encore deux ou trois séances...

Mme MEUNIER.

Deux ou trois... si vous croyez que c'est amusant d'être toujours le nez en l'air et la bouche entr'ouverte, à vous regarder sans rien dire... en riant!... Ah!... si ce n'était pas à cause de mes petits enfans!...

* Les acteurs sont placés en tête de chaque scène comme ils doivent l'être sur le théâtre. Le premier inscrit tient toujours en scène la gauche du spectateur, ainsi de suite. Les changemens de position dans le courant des scènes sont indiqués au bas des pages.

Air : *Le choix que fait tout le village.*

Il voudrait avoir mon portrait bien fidel,
Pour qu'il soit là quand je n'y serai plus;
Mais chaque jour, j'ai quelqu' ride nouvelle;
Un peu trop tard les pinceaux sont venus;
V'là ben d'sanné's que le tems me fait trève,
Un beau matin il pourrait se fâcher...
Si vous voulez que le tableau s'achève,
Pauvres enfans, il faut vous dépêcher.
Si vous voulez que le tableau s'achève,
Mes chers enfans, il faut vous dépêcher.

ÉLISA.

Grand'mère... et votre sourire...

Mme MEUNIER.

C'est juste... *(Elle se remet à sourire en regardant Amédée.)*

ÉLISA.

Voyez-vous, grand'mère, il faut profiter du voisinage de
M. Amédée, qui est venu demeurer dans notre maison.

AMÉDÉE, *regardant Elisa.*

Le fait est que c'est heureux...

Oh ! oui... bien heureux !...

Mme MEUNIER.

C'est un si bon jeune homme, monsieur Amédée !.. un si
aimable voisin...

AMÉDÉE, *saluant.*

Madame,

Mme MEUNIER.

Et si rangé.... il n'est jamais chez lui !.. toujours dehors
à travailler... on ne le voit presque plus de la journée!

ÉLISA.

C'est vrai...

AMÉDÉE, *d'un air suppliant, à Elisa.*

Ah !... *(Haut.)* Que voulez-vous ? j'ai mon atelier, je tra-
vaille en ce moment aux décors de l'Ambigu.

Mme MEUNIER.

Ah ! quelle différence avec mon petit-fils Joseph!.. tâchez
donc, monsieur Amédée, vous qui êtes de si bon conseil !.. de
le tarabuster un peu... il me désole, voyez-vous, cet enfant-
là !... un paresseux... un flâneur... enfin, comme dit M. Bizot... un vrai gamin...

AMÉDÉE.

Oh ! M. Bizot... le grand sec...

ELISA.

Il ne faut pas l'écouter, grand'mère... il en veut à Joseph...
qui lui fait toujours des niches.

AMÉDÉE, *rient.*

Ah !... ah !... ah !...

Mme MEUNIER.

Mon Dieu !.. vous riez !.. mais à son âge il devrait travailler... et pas du tout... Il n'aime qu'à jouer... à courir
les rues.. toujours battant ou battu... j'ai peur qu'il ne se trouve
dans une bagarre... dans une émeute, quoi !.. (*S'attendrissant.*)
Il arrivera quelque malheur... c'est pénible, voyez-vous...

Grand'mère !... et votre sourire !...

C'est juste !...

AMÉDÉE.

D'ailleurs... c'est un enfant... joueur... léger... mais le
cœur est bon... le caractère excellent... il m'amuse... et savez-
vous qu'il a de l'intelligence...

(Certainement... c'est ce que le prote de son imprimerie nous
disait : « Joseph serait bien vite le premier de nos ouvriers...
» s'il voulait se mettre au travail.

Mme MEUNIER.

Mais il ne veut pas... et pourtant... il a un si bon exemple
sous les yeux... sa sœur... mon Elisa... qui n'est jamais à rien
faire... toujours à coudre... à broder...

AMÉDÉE , *se levant et se tenant derrière* Mme *Meunier.*

C'est un ange !...

Mme MEUNIER.

Dam !... c'est bien élevé, c'est sage... une conduite exem-
plaire , ça fait l'admiration du quartier.

(Elisa , qui est devenue rêveuse, laisse tomber une feuille de musique
qu'elle tenait à la main.)

AMÉDÉE , *allant vivement auprès d'Elisa,*

Mademoiselle... (*Il ramasse la feuille de musique, et la rendant
à Elisa , lui dit tout bas :*) Oh !... je t'en prie...

Mᵐᵉ MEUNIER.

Au lieu que Joseph...

SCÈNE II.

Les Mêmes, Mᴿ BIZOT.

(Amédée va reprendre sa place et s'occupe du portrait.)

M. BIZOT, *entrant.*

Joseph est un polisson...

Mᵐᵉ MEUNIER.

Ah! monsieur Bizot...

M. BIZOT.

Bonjour, mes chers voisins... car je ne vois ici que des voisins.... comment vous portez-vous? ça ne va pas plus mal... et moi aussi... vous êtes bien bons, je vous remercie...

AMÉDÉE.

Ah ça !... qu'est-ce qui lui parle ?

Mᵐᵉ MEUNIER.

Vous n'allez pas à votre bureau du Mont-de-Piété aujour-d'hui...

M. BIZOT.

Ce n'est pas mon jour... on ne vend pas... (*Regardant Amé-dée.*) Ah! ah! ce portrait. Voulez-vous permettre... (*Il va auprès d'Amédée.*) Il n'y a pas d'indiscrétion?... (*Il regarde le portrait.*) Ah! il est fort bien...

AIR *De sommeiller encor, ma chère.*

On vous voit, je crois, trop en face,
Vos yeux me semblent trop ouverts,
Votre bouche fait la grimace,
Le nez est un peu de travers.
On vous allonge trop la mine,
On vous a fait le teint trop blanc,
Mais à cela près, ma voisine,
C'est un portrait fort ressemblant.

Mᵐᵉ MEUNIER.

Eh bien! je suis jolie, comme ça... je vous remercie,

AMÉDÉE, *se levant.*

Dites donc, moi aussi, monsieur le connaisseur.

M. BIZOT.

Ce qui m'étonne, c'est que monsieur ait le tems de vous

* Amédée, Mᵐᵉ Meunier, Bizot, Elisa.

dessiner..... il est si peu dans la maison... on dirait que ce n'est pour lui qu'un pied-à-terre.

AMÉDÉE, passant auprès d'Elisa.

Moi!... quelle idée !

ÉLISA.

Ce n'est pas moi qui lui fais dire.

Mme MEUNIER *.

C'est vrai qu'il s'absente une partie du jour.

M. BIZOT.

Et toute la nuit...

ÉLISA.

Monsieur Amédée !

AMÉDÉE.

Laissez donc, il ne sait ce qu'il dit.

M. BIZOT.

Comment, je ne sais ce que je dis... je n'invente rien... je n'ai jamais inventé.

AMÉDÉE.

Pas même la poudre.

M. BIZOT.

C'est Mme Fromageot, notre portière, qui, en faisant ma chambre ce matin, m'a dit que tous les soirs, vers minuit, vous sortiez pour ne rentrer que le lend...

AMÉDÉE.

Oui... quelquefois... c'est possible.... pour les décors de l'Ambigu.... parce qu'aux lumières on voit mieux l'effet. (A part.) Maudit bavard...

ÉLISA, à part.

Il se trouble...

Mme MEUNIER.

C'est drôle...

M. BIZOT.

Après ça... vous concevez que je n'y tiens pas... cela regarde vos amis !... ceux qui vous reçoivent.

ÉLISA, à part.

Le vilain homme...

M. BIZOT.

Si je viens... c'est pour parler d'une chose plus intéressante pour Mme Meunier.

* M. Bizot, Mme Meunier, Elisa, Amédée.

AMÉDÉE, *s'efforçant de rire et de prendre de l'aplomb.*

C'est peut-être encore quelque plainte contre ce pauvre Joseph?...

(Mme Meunier s'assied sur son fauteuil.)

M. BIZOT.

Non.... pas tout-à-fait... quoique le motif ne manque pas...
et tout-à-l'heure encore....

Mme MEUNIER, *assise.*

Il est à son atelier...

M. BIZOT.

Lui!.. le garnement...

ELISA.

Eh! mon Dieu!... qu'a-t-il donc fait, ce pauvre garçon?...

M. BIZOT, *passant entre Mme Meunier et Elisa.*

Ce qu'il a fait?... j'en ai vraiment honte... et j'en boite
encore... Imaginez-vous que je me promène assez volontiers
le long du canal Saint-Martin... quand il fait beau...
(Mme Meunier se lève et écoute M. Bizot.) Je regarde l'eau
qui coule, les bateaux qui vont et viennent... les écluses
qui se vident, qui s'emplissent... ça m'occupe... ça m'é-
chauffe... très-bien... tout-à-l'heure.... ah! bah!... il n'y
a pas vingt minutes... je vois des jeunes ouvriers... des enfans
qui jouent au bouchon... je ne m'arrête pas sérieusement à
ces puérilités... mais pas du tout... au moment où je pense le
moins à par... il m'arrive sur la jambe, juste au-dessus
de la cheville, un énorme gros sou aplati sur les bords...
je suis sûr que j'en ai la marque... et une voix goguenarde
m'a dit: *gare les quilles!*... Je laisse échapper une prise de tabac
que j'allais prendre, et je pousse un cri de douleur... ah!
lorsqu'en me retournant avec indignation, qui est-ce que je vois!
Joseph!... votre fils Joseph, qui joue au lieu d'aller chez son
imprimeur, et qui se met à rire en me reconnaissant... je me
fâche... je m'avance... mais aussitôt une nuée de polissons
m'entoure en riant comme lui... et me reconduit jusqu'au
boulevart en me bousculant et en criant, sur tous les tons:
Oh! c'te tête!... *(Amédée rit. M. Bizot s'arrête un moment et
le regarde avec colère, puis s'adressant à Mme Meunier.)* Vous
voyez bien, madame Meunier... que c'est un mauvais sujet et
qu'il finira mal.

Mme MEUNIER.

Ah!.. j'en ai peur...

AMÉDÉE.

Pour un sou qu'il vous a jeté dans les jambes...

* Mme Meunier, M. Bizot, Elisa, Amédée.

ÉLISA.

Un grand mal qu'il vous à fait...

M. BIZOT.

Comment!.. un grand mal!... (*A Elisa.*) Tenez, ne nous brouillons pas. Chère demoiselle Elisa, c'est votre frère... vous le défendez... je n'ai rien à dire... ça ne m'empêche pas de vous rendre justice à vous... et d'estimer votre famille. La preuve, c'est que je viens de parler de vous à la bonne maman... un grand secret...

ÉLISA.

De moi...

AMÉDÉE.

En ce cas, je me retire... père...
(On entend Joseph en dehors qui crie : Grand'mère! grand'mère!)

Mme MEUNIER.

Qu'est-ce que j'entends-là?...

M. BIZOT.

Parbleu ça ne se demande pas!...

SCÈNE III.

LES MÊMES, JOSEPH.
(Il arrive en courant... en blouse, sans casquette et tout mouillé.)

JOSEPH, *grelottant.*

On... on... gen... on... hon... une blouse, grand'mère... une blouse... avec le dessous... je grelotte...

Mme MEUNIER.

Comme le voilà fait!...
Hein?... quel état!...

JOSEPH, *allant à M. Bizot.*

Papa Bizot, voulez-vous battre la semelle... hon, hon, hon...

AMÉDÉE.

Où diable a-t-il passé?...

ELISA.

Mais tu vas attraper un rhume...

JOSEPH.

Ce n'est rien... Lisa, ce n'est rien... une blou... blou... blouse...

* M. Bizot, Mme Meunier, Joseph, Elisa, Amédée.

Mme MEUNIER.

Mais d'où sors-tu, malheureux enfant, d'où sors-tu?...

JOSEPH.

Du canal Saint-Martin, grand'mère... l'eau y est tiède tout juste...

Du canal Saint-Martin?

M. BIZOT.

Il se sera disputé, on l'aura jeté à l'eau.

JOSEPH.

C'est ce qui vous trompe, père jacasse... je m'y suis jeté moi-même.

AMÉDÉE.

Dans quelque bagarre.

(Il tire de sa poche son mouchoir mouillé qu'il secoue, et l'eau saute à la figure de M. Bizot.)

M. BIZOT.

Oh!... la... la...

JOSEPH.

Ah! c'est vous, monsieur Médée...

Mme MEUNIER.

Mais enfin, comment ça s'est-il fait?...

JOSEPH.

Mais, grand'mère, c'est rien du tout, j'vous dis... Pardine!... s'il fallait y regarder de si près... Supposez que j'ai reçu une averse, n'est-ce pas... c'est absolument la même chose... et donnez-moi mon autre blouse... la bleue... avec ma chemise de dimanche... mes bas idem... le pantalon de même, avec un mouchoir conforme.

AMÉDÉE, *à part.*

Diable de gamin.

Mme MEUNIER.

Vite, Elisa, vite... donne ce qu'il faut... *(Elisa est allée à la commode et y prend ce qui est nécessaire à Joseph.)* Mais parlez, monsieur, je veux savoir la vérité...

M. BIZOT.

Oui... répondez à Mme Meunier... dites-lui...

JOSEPH.

Et si je ne veux pas le dire devant vous, moi!... est-ce que

vous êtes ma grand'mère... est-ce que ça vous regarde?... (*A
Amédée.*) Je dois avoir le nez rouge , hein?

AMÉDÉE.

Mais d'abord ôtez donc cette blouse qui doit être glacée....

JOSEPH.

Monsieur Médée , il paraît que vous n'êtes pas fier tous les
jours comme hier... vous faites bien...

AMÉDÉE.

Moi?...

ÉLISA, *venant vivement.*

Monsieur Amédée?...

Mme MEUNIER, *fouillant dans la poche de Joseph.*

Qu'est-ce qu'il a donc dans ses poches?... Ah! mon Dieu!...
(*Elle en retire une toupie.*)

M. BIZOT.

Une toupie...

JOSEPH.

Un sabot, père Bizot, donnez, ça me connaît...

ÉLISA , *à Joseph, en lui donnant une blouse, une chemise et un pantalon.*

Tiens... va vite changer!... va vite.

Mme MEUNIER, *donnant un sou.*

Et un gros sou...

M. BIZOT, *le regardant.*

Juste!... je le reconnais... celui de mes jambes... je vous
demande un peu quand on a reçu ça...

AMÉDÉE.

Miséricorde... un sou, monstre!...

JOSEPH.

Oh!... oh!... c'est ma pièce à taper!... j'y vas, grand'-
mère. (*A Elisa*). Je te dirai tout à toi... (*A Amédée.*) Parce
qu'il est en tilbury, il ne salue pas ses connaissances... oh! oh!
les faquins... on lon lon... j'y vas!

(Il s'en va en sautant et entre dans la chambre à gauche.)

(14)

SCÈNE IV.

M. BIZOT, Mme MEUNIER, AMÉDÉE.

Encore un bavard... heureusement, ils n'ont pas entendu...
Mais je vous demande un peu...

Il vous dira ça... grand'mère...

Mme MEUNIER.

C'est un enfant qui me fera mourir de chagrin.

M. BIZOT.

Le fait est qu'il a donc dans ses poches?... Ah! mon Dieu,
il a la main meurtrière... mais, venez-vous,
madame Meunier... il faut que je vous parle... c'est impor-
tant...

Mme MEUNIER.

Ah! mon Dieu! vous me faites peur...

AMÉDÉE, prenant son carton.

Et moi, j'emporte mon carton... (*Saluant Elisa.*) Mademoiselle... (*Saluant Mme Meunier.*) Madame Meunier.*

AIR : *Vive un tête-à-tête.*

A demain, j'espère,
Achevez votre portrait,
Croyez-moi, grand'mère,
C'est vous qui...

Mme MEUNIER.

Vous lui donn'rez, je pense,
La bonté qu' j'ai...
Pour qu'en mon absence,
Ils dis'nt à la...

ENSEMBLE

A demain, j'espère,
Achevez, etc.

LES AUTRES.

Demain il espère
Achever votre portrait.

* M. Bizot, Mme Meunier, Amédée, Elisa.

Croyez-moi, grand'mère,
C'est vous, trait pour trait.

(Mme Meunier sort à droite avec M. Bizot. Amédée par le fond. Dès qu'ils ont disparu, il rentre vivement.)

SCÈNE V.

ELISA, AMÉDÉE.

ELISA.

Sortez, monsieur, sortez.

AMÉDÉE.

Oh! non, ne crains rien... ils sont partis...

ELISA.

Ah! vous me faites trembler...

AMÉDÉE.

Rassure-toi!... mais je veux te gronder... tu n'as pas confiance en moi... ce n'est pas bien...

ELISA.

Mais aussi, convenez que j'ai raison, cette existence mystérieuse...

AMÉDÉE.

Enfin, je t'assure... ce sont mes travaux...

ELISA.

Autrefois, vous n'étiez pas ainsi. Vous restiez chez vous, et vous ne cherchiez pas de prétexte pour nous quitter... vous m'aimiez alors...

AMÉDÉE.

Oh! maintenant plus que jamais...

ELISA.

Songez-y donc... je ne suis qu'une pauvre fille... et si vous me trompiez... moi qui vous aime... qui ai confiance...

AMÉDÉE.

Oh! tu as raison... je t'aimerai toujours... et quel que soit le sort qui m'est réservé, je n'oublierai jamais cette grâce et cette bonté... (Il lui baise la main.)

JOSEPH, *rentrant et voyant Amédée baiser la main de sa sœur.*

Excusez du peu!... Ah! c'est comme ça que ça se joue!

ELISA.

Ciel ! mon frère !

AMÉDÉE.

Adieu, Joseph.

(Il sort.)

SCÈNE VI.

ELISA, JOSEPH.

JOSEPH.

Il t'a baisé la main... comme un grand monsieur... voulez-vous permettre ?... que c'est bête... une main... quand il y a une figure.

ELISA.

Enfin, le voilà séché... tu n'as pas froid ?

JOSEPH.

Ah ! bien oui... j'étouffe ! dis donc, j'ai l'air faraud comme ça...

ELISA.

La toilette te va... tout comme à un autre.

JOSEPH.

Et même mieux... tu vois bien, si j'avais un habit bleu comme M. Amédée, mon Dieu ! on me prendrait pour un monsieur tout comme lui... avec seulement cinquante-cinq, soixante francs, j'aurais l'air notaire quand je voudrai ; et le dimanche quand j'ai ma redingote marron que maman m'a fait retourner l'année passée, et mon gilet fond bleu que tu m'as fait faire avec le restant d'une robe à toi, je ne suis pas mal tout de même, et je ne suis pas fier comme M. Amédée...

ELISA.

Comment, il l'a été pour toi ?

JOSEPH.

Je crois bien... l'autre jour que je portais les épreuves d'un roman à M. Paul de Kock, que je lisais en route, je manque d'être écrasé par un cheval superbe. Oh ! eh là, je recule, et qu'est-ce que je vois dans un beau tilbury ?... M. Amédée qui menait, et qui me détache un coup de fouet sans me reconnaître. Monsieur Amédée !... que je lui crie... Ah ! bien oui... il part comme l'éclair... sans seulement me regarder. C'est un faquin, vois-tu...

ELISA.

M. Amédée... quelle apparence qu'il ait un tilbury!...

JOSEPH

Dam! à moins qu'il ne soit le cocher... Mais il y avait un domestique, un groom, vois-tu, que je reconnaîtrais entre mille.

ELISA

Tu es fou... mais enfin, me diras-tu ce qui t'est arrivé ce matin... comment es-tu tombé dans le canal?...

JOSEPH

Oh! c'est une aventure bien drôle, mais je ne veux la raconter qu'à toi seule... tu es gentille, tu ne me grondes pas, je t'aime, toi, ma sœur... toi, ma Lisa... qui as grand soin de notre grand'mère... Pauvre vieille femme!... elle gronde bien par-ci, par-là, c'est de son âge... et puis, elle est si bonne... quand elle pleure... quand elle a du chagrin à cause de moi... des riens... des bêtises... eh bien! ça me fait venir de grosses larmes... Grand'mère, vois-tu... oh! grand'mère... je l'aime, et quand je l'embrasse... je la mangerais, quoi!... je me jetterais au feu pour vous.

ELISA

Ce n'est pas de ça qu'il s'agit...

JOSEPH

Ah! oui, revenons à l'eau... Il faut donc te dire que les rencontres et les camarades, voilà ce qui m'entraîne toujours... les boulevarts ou le canal... c'est ma perte. S'il n'y avait ni canal, ni boulevarts, je ne flânerais jamais... tu comprends ça... on joue, je passe... ça vous tente... un quart d'heure est bien vite pincé... on dit au chef d'atelier qu'on la attendu pour les épreuves... j'ai gagné onze sous mercredi; dis donc... c'est pas mal! (À part.) Il est vrai que j'en avais perdu dix-huit à l'imprimerie...

ELISA

Très-bien... très-bien... tu t'éloignes du canal...

JOSEPH

C'est juste... m'y voilà... pour lors, je trouve là un tas d'amis... Maigret, le fils du tourneur; Benoît, le fils du sculpteur; Lefébure, menuisier en fauteuils... sept, huit, et Gambin, oh! Gambin... on parle de flâneurs... en voilà un fameux numéro... pas un pouce d'ouvrage...

Air : *Vaudeville de l'Écu de six francs.*

Il commenc' par fair' le dimanche,
Il n'travaill' jamais le lundi;
Si l'mardi quelqu' parti' j'emmanche,
Ça dure jusqu'au mercredi,
Car c'est tous les jours fêt' pour lui.
C'est le jeudi qu'il se promène,
Il fait ses farc's le vendredi;
Et quand il n'ribott' pas l'samedi,
Il dit qu'il a perdu sa s'maine.

Pour lors, qu'est-ce que je vois?... dix-huit sous sur le bouchon... je dis... j'en suis... avec ça que j'ai des doubles décimes qui sont soignés... un pour piquer, un pour abattre, c'est-ce que je ne te les ai pas montrés?... toi, ma sœur... Amélie... qui as grand soin de notre grand'mère... la pauvre vieille femme... le canal... Mais là, par-là, c'est de son... puis, elle est si bonne... quand elle pleure... J'y rentre... je tire mes patards de ma poche, comme ça... (*Il met la main dans sa poche et en tire une toupie avec sa corde.*) Tiens, c'est ma dormeuse... autre jeu ça... c'est sur le boulevart Bonne-Nouvelle, à côté du Gymnase, il y en a qui sont très-forts! (*Tout en continuant son récit, il corde sa toupie, la prend dans le creux de sa main; etc., jeu de l'acteur.*) J'abats le bouchon du premier coup... ils étaient vexés... ils marronnaient... on relève de trois sous... il y avait du monde à nous regarder... des bonnes, des enfans... est-ce que je sais?... au moment où j'allais jouer mon second... voilà un grand cri... qu'est-ce que c'est que ça?... figure-toi qu'une imbécille de bonne causait avec je ne sais qu'est-ce; sans s'occuper de son marmot, et le moutard était tombé dans le canal; un pauvre petit mioche de quatre ans et demi... Ils étaient tous à crier: Ah! mon Dieu!... au secours! ... au secours! ... un enfant qui se noie... Je n'en fais ni une, ni deux, sv'lan... je me jette à l'eau... je repêche le gamin, au moment où il allait disparaître sous un bateau de tuiles... c'est encore heureux, n'est-ce pas... un petit moment plus tard... bonsoir... (*Il fait aller sa toupie et la prend dans la main.*) Ma jobarde de bonne s'était trouvée mal pendant ce tems-là... j'avais beau lui dire : Mais tenez donc, la Picarde... (ce n'était peut-être pas une Picarde... c'est égal...) voilà votre enfant... faites-y attention une autre fois... Parole d'honneur, c'est indigne! les parens sont si imprudens! on devrait traduire des filles comme ça à la correctionnelle... Si jamais j'ai des enfans, je les promènerai moi-même. Il y avait foule... on m'entourait... on me serrait les mains... on m'aurait embrassé sans la peur d'être mouillé...

j'en étais tout honteux... avec ça que j'étais trempé comme tu
as vu... Je me suis sauvé... et je suis rentré tout courant à
la maison... voilà mon histoire du canal... n'est-ce pas qu'elle
est drôle?...

(Il fait aller sa toupie.)

ELISA.

Bon Joseph... si gentil... si modeste... et on l'accuse toujours.

JOSEPH.

Qui donc... mais qui donc... M. Amédée, peut-être?...

ELISA.

Non... il te rend justice... et tiens... pendant que nous
sommes seuls, je t'en prie ; pas de rancune pour lui... aime-
le par amitié pour moi... n'en dis pas de mal devant grand'-
mère surtout... ça m'a fait du chagrin.

JOSEPH.

Eh bien ! non... je te le promets...

ELISA.

J'ai déjà tant de peine à le défendre contre M. Bizot.

JOSEPH.

M. Bizot... je m'en moque... c'est un vieux sarcophage...
un être de l'ancien régime... couvert de préjugés.

ELISA.

Ecoute donc ? ce matin, ce gros sou qu'il a reçu...

JOSEPH.

Pourquoi qu'il vient se mettre dans notre bouchon? D'ailleurs, il n'a rien à dire... je l'ai prévenu... j'ai dit : *Gare les
quilles*...

(Et en disant cela, il lance une seconde fois sa toupie qu'il a cordée,
et il attrape M. Bizot, qui entre en ce moment avec Mme Meunier.)

SCÈNE VII.

LES MÊMES, Mme MEUNIER, M. BIZOT.

M. BIZOT, *en entrant.*

Ainsi c'est... (*Recevant la toupie et sautant en l'air.*) Allons...
bon... Ah ! mon Dieu...

(Il court en boitant s'asseoir auprès de la table.)

JOSEPH.

Monsieur Bizot...

Le Gamin de Paris.   2

Mme MEUNIER.

Qu'est-ce que tu as fait là ?

JOSEPH, *sans l'écouter, prend son tricot, s'assied sur son fauteuil et se met à tricoter.*

Laissez-moi, laissez-moi... je vais... ce n'est rien, grand'-mère...

M. BIZOT, *se levant et allant à Joseph.*

Non... achève-moi.

Mme MEUNIER.

Mais qu'est-ce que tu as fait ?

JOSEPH.

Mais aussi, est-ce que je pouvais savoir ?... tenez, monsieur Bizot, j'ai la main malheureuse avec vous... ne venez plus sur mon chemin, je vous casserai quelque chose, c'est sûr...

(Il passe de l'autre côté du théâtre et vient auprès de la table.)

M. BIZOT.

Aussi, je m'en vais... je rentre chez moi. Madame Meunier, je reviendrai chercher la réponse tout-à-l'heure... Adieu, petite... Diable ! je suis meurtri...

JOSEPH.

Avec de l'eau fraîche et du sel.

M. BIZOT, *passant devant Joseph, et en s'en allant.*

Heim !... révolutionnaire, va !...

(Il sort.)

JOSEPH, *qui s'est retenu de rire, éclate.*

Ah ! ah ! ah ! ah !...

SCÈNE VIII.

ELISA, Mme MEUNIER, JOSEPH.

Mme MEUNIER.

Et il rit encore... il rit !... mauvais sujet... qui me fait du chagrin... qui me rend malheureuse... qui me fera mourir...

JOSEPH.

Ah !... si la grand'mère pleure, je n'en suis plus...

Mme MEUNIER.

Allez-vous-en... allez à votre atelier, mauvais sujet...

JOSEPH.

Non, grand'mère, non... je ne m'en irai pas comme ça...

par exemple... nous quitter brouillés !... j'en serais malade
toute la journée...

ELISA.

Allons, grand'mère...

Mme MEUNIER.

Non, non!... qu'il s'en aille... je ne veux plus voir... un
drôle... un paresseux... un fainéant.

JOSEPH.

Allez, grand'mère..., grondez bien... abîmez-moi... aplatis-
sez-moi... voulez-vous me battre un peu?.. si ça vous soulage,
ne vous gênez pas... (*A part.*) Elle me tape quelquefois... comme
ça pour rire... elle ne me fait jamais mal...

Mme MEUNIER.

Vous le mériteriez bien... un brise-tout... toujours déchiré... que sa sœur s'arrache les yeux pour lui faire des re-
prises...

ELISA.

Je ne m'en plains pas, grand'mère.

JOSEPH.

Bonne Lisa !...

Mme MEUNIER.

Et ta casquette, malheureux, où est ta casquette ?

JOSEPH.

Ma casquette... tiens, c'est vrai !... elle est restée dans le
canal, grand'mère...

Mme MEUNIER.

Une casquette de cinquante-cinq sous... Tiens, va-t'en...
tu mourras sur l'échafaud !...

(Elle va s'asseoir sur son fauteuil.)

JOSEPH.

Pour avoir perdu ma casquette... (*A part.*) Nous en sommes déjà là... ça va être fait tout de suite.

ELISA , *assise sur la chaise auprès de madame Meunier.*

Elle était bien vieille sa casquette.

JOSEPH.

Et puis demandez-moi, grand'mère, s'il y a du bon sens de
se mettre dans des états comme ça... pour une méchante cas-
uqette âgée de dix-huit mois !... pardi, j'en manque bien de
casquettes... voulez-vous que je vous en fasse vingt-quatre, et
tout de suite ?... Nous autres, à l'imprimerie, nous n'avons

pas besoin de chapelier... (*Il va à la table, prend une grande
feuille de papier, et fait un bonnet.*) Voulez-vous un colback,
d'artilleur... un chapeau de Napoléon... un bonnet d'évêque.
Vous n'avez qu'à parler... par brevet d'invention...
(*Il se coiffe du bonnet qu'il vient de faire, monte sur une chaise, et prenant une attitude, il chante.*)

Voilà, voilà, le chapelier français.
Voilà, voilà...

Mme MEUNIER.

Le moyen de se fâcher avec un monstre comme ça.

JOSEPH.

Elle a ri.

Mme MEUNIER.

Mais qu'est-ce que tu as été faire dans le canal?... voyons,
qu'est ce que tu as été faire dans le canal?

ÉLISA.

Oh! pour ça, grand'mère, ne le grondez pas... c'est à son
éloge... il a sauvé un enfant qui se noyait...

Mme MEUNIER.

Vrai!... à la bonne heure, tu as sauvé quelqu'un... c'est
bien, je ne dis pas... mais pourquoi qu'il abîme ses effets?...

JOSEPH.

Dam!... je ne sais pas me jeter à l'eau sans me mouiller.
Allons, la paix, bonne grand'mère... (*Il va auprès d'elle et la
caresse.*) Vous n'êtes pas si méchante que vous en avez l'air,
ni moi non plus, un mauvais sujet, un scélérat comme vous
dites... mais un bon enfant, qui vous aime bien...

(Il l'entoure de ses bras.)

ÉLISA, à part.

Calin!...

Mme MEUNIER.

Je sais... je sais... mais alors il ne faut pas me faire de la
peine... il faut travailler... il faut être un homme...

JOSEPH, se *laissant glisser à genoux auprès d'elle*.

Oui, oui, c'est vrai... et je ne suis qu'un gamin... mais,
soyez tranquille, ça viendra quelque jour... encore un an
de bouchon, et ce sera fini... au travail... ferme!... j'enfon-
cerai les autres à l'atelier... je serai maître, contre-maître... et
qui sait!... notre patron, voyez-vous, grand'mère, il est venu
à Paris, en veste et en sabots... le sac sur le dos... il n'avait
pas plus... il avait moins que moi... et maintenant il a une

imprimerie... des ouvriers... et des rentes... mille écus à man-
ger par jour... dans la vaisselle plate encore ; et à la dernière
exposition des industries, la croix qu'on lui a donnée... là...
d'honneur. Dam! pourquoi que je ne serais pas comme ça un
jour?... Dieu! serais-je content pour vous, grand'mère! il ne
vous manquerait rien... votr' café tout chaud tous les matins...
une bonne cruche de crème bien épaisse... avec une bonne
douillette, bien ouatée, bien chaude... une citadine pour
faire les courses... et une loge à l'Ambigu le dimanche. Comme
je vous dorloterais... comme je vous mijoterais! (*L'embrassant.*)
Bonne grand'mère... va!...

ÉLISA.

Est-ce que vous lui tenez rancune ?

JOSEPH.

Et une dot... à cette bonne Lisa !... une dot énorme !...

Mme MEUNIER.

C'est d'un bon garçon, ce que tu dis là... vous ferez votre
chemin... Oh! oui, je prie tous les jours le bon Dieu pour
qu'il vous bénisse... voyez-vous, mes enfans, nous ne sommes
pas riches... votre père ne vous a rien laissé... un soldat, c'est
tout simple... mais un brave, un honnête homme qu'on est
aimait... Faut être comme lui... pauvre Étienne... je l'ai perdu... ça sera ma consolation... et du moins, quand je vous
quitterai, je me dirai : Ils sont pauvres, mais honnêtes comme
leur père.

ÉLISA, *à part.*

Ah! mon Dieu!...

Mme MEUNIER, *pleurant.*

Mon pauvre fils !

JOSEPH.

Allons !... allons! grand'mère!... v'là que vous pleurez...
vous vous ferez mal... rencognez-moi donc ça. (*Il lui prend son
mouchoir et lui essuie les yeux.*) Tenez, voilà que vous faites
pleurer Lisa...

ÉLISA, *vivement.*

Moi... mais non... mais non... qu'est-ce qu'il dit donc là...

JOSEPH.

Riez, maman Meunier... riez vite, allons, une petite risette,
que je m'en aille content...

Mme MEUNIER, *en riant.*

Pars, voyons... va à ton atelier... (*Il l'embrasse ; elle se lève.*)

uais, ne va donc plus au canal Saint-Martin , malheureux *.

JOSEPH.

Dam !... il y a quelquefois des bonheurs... comme aujour-
d'hui.

Mme MEUNIER.

Et surtout, ne joue pas au bouchon... entends-tu ?

JOSEPH, revenant.

Oh! ça... je ne promets pas , maman Meunier, j'ai le goût...
c'est venu au monde avec moi... j'ai la bosse du bouchon.
et je vous dirais non...

Mme MEUNIER.

Joueur...

JOSEPH.

Dam !... ça ne coûte rien à personne... il n'y a pas de frais
à ce jeu-là... ne craignez rien, le tapis est là... pour tout le
monde... Ce n'est pas comme au billard... douze sous par
heure... et quinze sous le soir... à cause des quinquets... au
lieu que le bouchon.

AIR nouveau. (Musique de M. Hormille.)

Je suis gamin ; faut qu'jeuness' se passe,
Les gamins sont de bons enfans ;
Avec le tems tout ça s'efface,
J'serai moins jeun' quand j'aurai trente ans ;
Flâner est dans mes habitudes,
Je ne suis pas fort sur le latin ;
J'ai complété mes études
Le long du boul'vart Saint-Martin.
A croix pile j'ai du génie,
Aux quilles je suis un luron ;
J'suis l'César de la toupie,
Et l'Alexandre du bouchon.
Je suis gamin, etc.

(Il sort en courant et en sautant.)

SCÈNE IX.

ELISA, Mme MEUNIER.

ÉLISA.

Quel bon cœur !...

Mme MEUNIER.

Mais, je vous demande un peu ce qu'il a contre M. Bizot,
ce bon voisin qui nous aime tant.

* Elisa, Joseph, Mme Meunier.

ELISA.

Lui!.. pas Joseph, du moins...

Mme MEUNIER.

Ah! tu vas aussi crier après lui... n'est-ce pas?... quand
il s'occupe de toi... quand il vient de m'annoncer une affaire
magnifique qui te regarde...

ELISA.

Moi, maman Meunier...

Mme MEUNIER.

Un mariage...

ELISA.

Que voulez-vous dire?

Mme MEUNIER.

Je veux dire... que ce matin... le gros mercier qui demeure au coin... tu sais...

ELISA.

M. Durand...

Mme MEUNIER.

Oui!... il a fait signe à M. Bizot qu'il voulait lui parler. —
Vous connaissez mademoiselle Elisa Meunier, qu'il lui a
dit?—Oui, a répondu le voisin. — Elle n'est pas riche?—Elle
n'a rien. — Mais bien élevée?—Parfaitement. — Elle a passé
trois ans à la pension de Saint-Denis comme fille d'un légion-
naire; et puis, a continué ce bon M. Bizot, un ange, un trésor
pour celui qui l'épousera. —Eh bien! a repris M. Durand,
ce sera moi...

ELISA.

O ciel!...

Mme MEUNIER.

« C'est une bonne ouvrière,... une fille de ménage... qui
» ne sort pas... qui aime bien sa grand'mère... c'est bon
» signe... je suis veuf, riche... sans enfans... et si elle veut de
» moi, je l'épouse... sa famille sera la mienne. » Eh bien,
qu'est-ce que tu as donc?

ELISA.

Rien, maman Meunier, rien...

Mme MEUNIER.

Alors, M. Bizot est vite accouru me dire ça... pour me faire
plaisir, ma fille, et à toi aussi... je lui ai dit que nous consen-
tions...

ELISA.

Et vous avez eu tort...

Mme MEUNIER.

Hein ?

ELISA.

Pardon... je veux dire... vous n'avez pas eu raison... car, bien certainement, je ne veux pas épouser M. Durand, je ne l'épouserai pas...

Mme MEUNIER.

Elisa ?... qu'est-ce que ça veut dire ? un parti superbe !... ma fille... penses-y donc, tu n'as pas de fortune, toi... c'est cent fois mieux que tu ne pouvais espérer...

ELISA.

C'est possible... mais... mais je ne l'aime pas.

Mme MEUNIER.

Tu l'aimeras... on aime toujours son mari quand c'est un homme établi... honnête, surtout... songe donc qu'il peut aider ton frère, et puis... on peut le dire... ça ne fait pas mourir... je ne serai pas toujours là... il te faut un soutien... ne pleure pas, enfant !...

ELISA, *dans les bras de* Mme *Meunier.*

Ah !... grand'mère... je ne l'aimerai jamais.

Mme MEUNIER.

Jamais, ma fille !... jamais !... tu aimes donc quelqu'un ?

(Elisa se cache la tête dans ses mains.)

Air *du Partage de la richesse.*

Quelqu'un, que je connais sans doute...
Un amour que tu m'avouras.
Qu'est-ce donc que ton cœur redoute ?

ELISA.

Mère, ne m'interrogez pas !

Mme MEUNIER,

Pourquoi donc ? parle, sois sincère...
Et surtout ne va pas mentir :
Cacher un secret à sa mère,
C'est être bien près d'en rougir.

ELISA.

Je ne puis pas... je ne dois.

Mme MEUNIER.

Comment !... celui que tu aimes, tu n'oses pas le nommer ? tu baisses les yeux... est-ce que par hasard... oui, ce doit être ça... M. Amédée...

ELISA.

Oh! je n'ai pas dit...

Mᵐᵉ MEUNIER.

Je le devine... ses assiduités chez nous... un inconnu... dont l'existence est fort équivoque.

ELISA.

Oh!... vous ne disiez pas cela... ce matin encore.

Mᵐᵉ MEUNIER.

Non! et j'avais tort... M. Bizot m'en a fait l'observation.... on jase dans le quartier... ses visites sont remarquées... et il faut que ça finisse aujourd'hui même... ou qu'il s'explique... allons!... pas de chagrin surtout, ma fille...

ELISA.

Ne croyez pas M. Bizot... car il en veut à Joseph.

SCÈNE X.

LES MÊMES, M. BIZOT.

M. BIZOT, *entrant.*

Là ?... il est arrêté...

ELISA.

O ciel!

Mᵐᵉ MEUNIER.

Arrêté... qui donc?

M. BIZOT*.

Eh! parbleu, Joseph... votre garnement.

ELISA.

Mon frère!

Mᵐᵉ MEUNIER.

Joseph!... Ah! monsieur Bizot!...

M. BIZOT, *la soutenant.*

Voyons!... voyons!... calmez-vous... ce ne sera rien, je l'espère... mais enfin, je l'avais prédit... avec une conduite comme celle-là...

ELISA.

Expliquez-vous, monsieur... mon pauvre frère... où est-il?

M. BIZOT.

Dam!... il est pris!

* Elisa, M. Bizot, Mᵐᵉ Meunier.

Mme MEUNIER.

Mais où est-il ?...

M. BIZOT.

Ils l'emmènent... les soldats qui l'ont arrêté...

Mme MEUNIER.

C'est le coup de grâce...

ELISA.

Mais parlez donc ! (*A part.*) Vilain homme !

M. BIZOT.

Un petit tour à la salle Saint-Martin... il n'y aura pas de mal... s'il n'y a rien de grave.

Mme MEUNIER.

Mais enfin la raison... pourquoi l'ont-ils arrêté ?

ELISA.

Oui... pourquoi ?

M. BIZOT.

Dam !... je ne sais pas trop... si je dois vous dire...

Mme MEUNIER *et* ELISA.

Mais oui !... mais oui !...

M. BIZOT.

Eh bien ! je revenais de chez monsieur Durand... à qui j'ai dit votre réponse...

Mme MEUNIER.

Oh !... j'ai à vous parler... après ?...

M. BIZOT.

Lorsqu'au coin de la rue du Faubourg... je vois du monde... beaucoup de monde... et deux jeunes gens que la garde emmenait... c'est-à-dire... deux jeunes gens... il y en avait un vieux...

ELISA.

Après ?...

M. BIZOT.

Eh bien !... dans ces deux malheureux... jugez de ma surprise... surprise, c'est-à-dire !... enfin, c'est égal... je reconnais votre Joseph...

Mme MEUNIER.

Ah ! mon Dieu !...

ELISA.

Vous l'avez vu ?...

M. BIZOT.

Comme je vous vois... je demande à une dame qui était
là... pourquoi on arrête ce petit brun.

ELISA.

Eh bien?...

M. BIZOT.

Elle n'en savait rien... je m'adresse alors à l'épicier qui était
sur le seuil de sa porte... et il me répond... dam !... faut-il ?...

Mme MEUNIER.

Vous me faites mourir à petit feu...

M. BIZOT.

Il me répond qu'il s'agit d'une pièce d'étoffe... qui a été
volée au magasin en face...

Mme MEUNIER.

Volée !...

ELISA.

Mon frère !... oh ! c'est impossible...

M. BIZOT.

On me l'a dit...

ELISA.

... Oh ! je cours... moi... je réclamerai... je dirai un vol !...
mon frère... ça ne se peut pas...

Mme MEUNIER.

Un voleur !... Joseph... j'en mourrai.

(Elle tombe sur une chaise auprès de la table.)

SCÈNE XI.

LES MÊMES, JOSEPH.

JOSEPH, *entrant sur les derniers mots.*

Hein !... qu'est-ce que c'est?

ELISA.

C'est lui !...

M. BIZOT.

Joseph !...

Mme MEUNIER*.

Voyez-vous !... ils l'ont relâché...

* M. Bizot, Elisa, Joseph, Mme Meunier.

JOSEPH.

Eh ! oui, me v'là... ne pleurez donc pas comme ça... c'est bête...

Mme MEUNIER.

N'est-ce pas, Joseph... mon enfant... que ce n'est pas vrai... que tu n'as pas volé...

ÉLISA.

Non... non...

JOSEPH, *stupéfait.*

Volé !... vous avez pu croire... on a pu dire... moi... me soupçonner... d'un vol... d'un vol... c'est affreux !...

Mme MEUNIER.

Calme-toi...

JOSEPH, *hors de lui.*

Mais qui donc... le scélérat !

ELISA.

Eh !... M. Bizot, donc...

M. BIZOT, *reculant.*

Oh !... j'ai dit...

JOSEPH *veut aller à lui*, Mme *Meunier et Élisa le retiennent.*

Monsieur Bizot !... c'est lui !... toujours lui !... m'accuser... venir dire à grand'mère que je suis... que j'ai volé... Vous voulez donc que je vous tue... vous voulez donc... vieux coquin... non, laissez-moi !...

Mme MEUNIER.

Joseph... je vous ordonne...

ELISA, *le tirant par sa blouse.*

Mon frère !...

JOSEPH,

Allez-vous-en... tenez, allez-vous-en... car je ne sais pas ce que je vous ferais... sans le respect que j'ai pour votre âge...

M. BIZOT.

Oui... il y paraît !...

Mme MEUNIER.

Mais enfin... tu étais arrêté... et il a pu croire...

JOSEPH.

Arrêté... arrêté...

ELISA.

C'est pour quelque espiéglerie !

JOSEPH.

Moins que ça, encore moins... vous n'avez qu'à demander
à votre M. Médée...

ÉLISA.

Amédée !...

Mme MEUNIER.

Il est là-dedans ?

M. BIZOT, bas.

Lui aussi... hein ?...

JOSEPH.

Oh !... il passait... (*Bas à Élisa.*) Un fameux secret que j'ai
appris, va !...

Mme MEUNIER.

Enfin, dis-nous donc...

JOSEPH.

Voilà ce que c'est... grand'mère... Je sortais de mon imprimerie, où c'que j'avais pris les épreuves, et je les portais à
M. Paul de Kock... qui les attend depuis trois jours... quand
je me trouve au milieu d'un brouhaha... Bref, je vois des mu-
nicipaux... des agens de police... on court... on crie... les
chiens aboyaient... j'ai cru que c'était une émeute... comme
on ne sait pas ce qui peut arriver, je ramasse quelque chose...

Mme MEUNIER.

Tu as toujours des idées.

JOSEPH.

Ce n'était pas une idée, grand'mère... c'était une pierre...
écoutez donc... on peut avoir besoin pour se défendre... ça
s'est vu !... Bref, voilà une pierre qui casse un réverbère....
ce n'était pas la mienne... parole d'honneur. Un municipal
qui était devant moi se retourne... il prétend que c'est moi
qui viens de casser la lanterne... (*Variant sa voix.*) Municipal... vous vous trompez, que je lui dis.—C'est toi, gamin....
qu'il me répond.—Municipal... je vous jure que c'est une er-
reur profonde. — Tais-toi, insolent... galopin... ces gens-là
ont des expressions... défaut d'usage. — Municipal... je porte
les épreuves à M. Paul de Kock... je suis pressé. — Je m'importe peu que tu sois pressé... toi et ton monsieur Paul de
Kock... c'est toi... je t'ai vu. — Quelle bêtise !... il me tour-
nait le dos... comme si un municipal avait des yeux derrière la
tête. — Municipal... v'là encore ma pierre ! — Ah !!... vois-tu !
— Bref... il veut m'empoigner... Moi qui vois sa couleur, je

lui passe la jambe.... un crochet... et v'lan... en deux tems ,
le voilà par terre à se reposer de ses fatigues. Pendant qu'on
rit, je veux me sauver... mais qu'est-ce que je trouve derrière
moi !.... trois sergens de ville, qui me prennent au collet.

ELISA.

Ah ! mon Dieu !...

JOSEPH.

Trois ; plus que ça de monnaie pour passer mon hiver... et
comme je n'ai que deux jambes et qu'ils étaient trois , je ne
pouvais pas les poser sur la même banquette que le camarade...
il n'y avait pas moyen, cette fois... je suis pris et emmené...
avec l'autre... un grand, qui avait volé.

M. BIZOT.

C'est donc ça...

JOSEPH.

Qu'est-ce qu'il dit?...

Mme MEUNIER.

Mais enfin... enfin ?...

JOSEPH, *regardant Elisa et appuyant.*

Enfin... il s'est trouvé là... un *monsieur... un jeune homme
décoré...* qui a dit un mot tout bas au commissaire.

ELISA, *à part.*

Un jeune homme.

Mme MEUNIER.

Au commissaire !

JOSEPH , *vivement.*

Le commissaire... vous savez, ce gros, qui louche d'un œil...
et qui a l'autre de moins. Il est laid... mais c'est un brave
homme...

AIR : *Vaudeville du Premier Prix.*

Sans lui, ma foi! j'avais mon compte,
Et bon gré, mal gré, c'est certain,
J'allais , j'en serais mort de honte,
Coucher à la salle Saint-Martin.
Ça m'rappell', malgré ma colère,
Qu'j'ai fait l'plongeon... j'en ris d'bon cœur,
Dans l'canal Saint-Martin !... grand'mère ,
C'est un saint qui m'porte malheur.

ELISA.

Ainsi c'est le commissaire?..

JOSEPH.

Il a vu que je n'étais pas fautif et il m'a fait mettre dehors...
voilà pourquoi je ne suis pas dedans.

Mme MEUNIER.

C'est tout !...

JOSEPH.

Dam! oui... excepté qu'il m'ont déchiré ma blouse.

(Il montre sa blouse déchirée sur le devant.)

Mme MEUNIER.

Encore !... c'est la seconde d'aujourd'hui...

JOSEPH.

Ah ! bas... c'est devant... ça ne se voit pas...

ELISA.

Quand on en est quitte pour cela...

M. BIZOT.

Alors... c'est l'autre...

JOSEPH.

Hein ?... vous dites ?...

Mme MEUNIER.

Taisez-vous ! flâneur... se faire arrêter...nous faire une peur
pareille.

JOSEPH.

C'est pour de rire...

Mme MEUNIER.

Pour le coup... c'est trop fort... et c'est fini... je ne vous le
pardonnerai pas... mauvais sujet... Venez, monsieur Bizot...
j'ai bien des choses à vous dire.. mais pas devant ce garnement..

M. BIZOT.

Je ne demande pas mieux...

JOSEPH.

Mais, grand'mère...

Mme MEUNIER.

Non, jamais...

JOSEPH, *suivant M. Bizot, en imitant l'aboiement d'un chien, et
lui pinçant les jambes.*

Hou, hou, hou !..

M. BIZOT, *effrayé.*

Ah !...

Mme MEUNIER.

Qu'est-ce que c'est ? (*A Joseph.*) Jamais !...

(Elle sort avec M. Bizot par la droite.)

SCÈNE XII.

JOSEPH, ELISA,

JOSEPH.

Oh!... jamais... et dire que sans ce vieux hibou... elle n'aurait rien su... rien....

ELISA.

Enfin, nous sommes seuls.... me diras-tu ce que signifient ton air mystérieux... tes demi-mots... tes regards?

JOSEPH.

Ah! oui... M. Médée.

ELISA.

Silence!... eh bien?

JOSEPH.

Je n'ai pas voulu dire devant grand'mère... parce que tu m'as prié...

ELISA.

Bien!... bien!... explique-toi...

JOSEPH.

Bref!... ton monsieur Médée... (*à demi-voix*) c'est un mouchard !

ELISA, *poussant un cri.*

Ah !...

(Elle s'appuie à une chaise.)

JOSEPH.

Je le crois...

ELISA, *se contraignant.*

Non... non !... ne dis pas... lui !...

JOSEPH.

Oh! mon Dieu !... comme tu te révolutionnes pour un mot! parce qu'il vient ici, il ne faut pas, vois-tu !... ces gens-là on leur dit : Va-t'en... et ils filent.

ELISA.

Mais sur quels indices... qui t'a dit?

JOSEPH.

Voilà !... quand j'ai été pris et conduit chez le commissaire... toujours le gros qui a un œil dépareillé, un monsieur s'est glissé auprès de lui tout doucement... comme pour n'être pas vu de moi...

ÉLISA.

C'était lui !..

JOSEPH.

Médée, avec un habit noir et un ruban à sa boutonnière...

ÉLISA.

Non, non, je ne puis croire... Amédée !..

JOSEPH.

Hein ?.. tu dis ?..

ÉLISA.

Je dis que tu es fou.... tu te trompes... ce n'était pas lui ?...

JOSEPH.

Oh !.. pour ce qui est de lui,.. je suis bien sûr... que je n' me trompe pas.. et puisqu'il faut te le dire, je n'en suis pas surpris... parce qu'il me promet toujours des billets de l'Ambigu où il fait les décors, soi-disant... et je ne vois rien venir... Lui, M. Médée, un élève de M. Cicéri!.. un simple barbouilleur... avec un tilbury et une croix !.. ah! ouiche!.. Il ne ressemble pas plus à un rapin que moi à un évêque...

ÉLISA, à part...

Oh ! mon Dieu !.. c'est ça !... (Haut.) De bulles décorations,.. c'est ça ?..

JOSEPH, qui s'est assis sur le fauteuil de la grand'mère.

Il ne faut rien dire à grand'mère... Ah !.. bien... si elle savait qu'elle a reçu chez elle un... ah!.. elle qui tient tant à l'honneur... ça la suffoquerait.. pauvre bonne femme.!..

ÉLISA.

Tu as raison... je lui parlerai moi-même.

JOSEPH.

Dam !.. si tu veux... je lui donnerai son compte.

ÉLISA.

Non, non... Ah ! le voilà, laisse-nous.

SCÈNE XIII.

LES MÊMES, AMÉDÉE.

AMÉDÉE*.

Enfin !.. je suis libre.. Elisa !... Ah !... c'est toi, Joseph....

* Joseph, Elisa, Amédée.

JOSEPH.

Comme vous voyez, monsieur Médée. (*Bas à Elisa.*) Dis donc, le ruban n'y est plus.

ÉLISA, *bas.*

Va-t'en!...

AMÉDÉE.

Est-ce que tu as congé à ton imprimerie aujourd'hui, mon garçon?...

JOSEPH.

Non!... au contraire... en vous remerciant tout de même du service...

AMÉDÉE.

Hein!... je ne sais ce que tu veux dire.

JOSEPH.

Comment! vous n'étiez pas...

AMÉDÉE.

J'étais à mes décorations...

JOSEPH (*passant auprès de lui*).

Ah! oui, c'est juste.... À l'Ambigu! (*Bas à Elisa.*) Il nie.... c'est ça.... (*Haut.*) De belles décorations, je suis sûr!... Vous devriez bien nous en montrer une... seulement une petite... en rouge...

AMÉDÉE, *à part.*

Il m'a vu!...

ÉLISA.

Mais, va-t'en donc, Joseph... on attend après tes épreuves...

JOSEPH.

Ah! oui... J'y vais!... (*Bas.*) Il a l'air canon. (*Haut.*) Seulement une...

(*Il sort.*)

SCÈNE XIV.

ÉLISA, AMÉDÉE.

ÉLISA.

Monsieur Amédée... je suis libre...

AMÉDÉE.

Elisa... quel trouble!... quels regards... Qu'avez-vous?...

ÉLISA.

Ce que j'ai?... Ne le devinez-vous pas? Ah ! monsieur
Amédée, si vous m'aviez trompée..... ce serait affreux, voyez-
vous?...

AMÉDÉE.

Allons... quelles idées vousavez encore !... laissons cela...
de grâce.

ÉLISA.

Non !.., non !... non !... il faut vous expliquer... Vous n'êtes
pas ce que vous nous disiez... un pauvre artiste...

AMÉDÉE.

Si fait...

ÉLISA.

Non... ce n'est pas vrai... vous m'avez trompée.... vous
me trompez encore... Ce tilbury dans lequel mon frère vous
a rencontré.... annonce une fortune que vous nous cachez...

AMÉDÉE.

Comment, Joseph m'a rencontré?... Où donc?

ÉLISA.

Ah !... vous voyez bien... Et cette croix que vous portiez tout-
à-l'heure.... et ce crédit que vous avez eu de le faire mettre en
liberté.

AMÉDÉE, *embarrassé.*

Puisque vous le savez, je ne le nierai pas... Votre frère
était arrêté pour une faute légère... moins que rien... Je pas-
sais.... et à ma demande, à ma prière, on l'a mis en liberté
sur-le-champ. Je n'ai pas même eu besoin de me nommer.

ÉLISA.

De vous nommer !... Avoue-moi donc enfin que tu m'as
trompée... Dis... je te pardonnerai... Mais, dis-le-moi.

AMÉDÉE.

Eh bien ! oui... puisqu'aussi bien il n'y a plus moyen de te
le cacher... oui, je t'ai trompée !...

ÉLISA.

Ah ! mon Dieu !

AMÉDÉE.

Parce que je t'aimais.... parce que je voulais ton amour !...
Mais, toi, si sage, si timide.... tout ce qui pouvait séduire une
autre n'aurait fait que t'éloigner de moi... Je suis devenu un

artiste sans crédit, sans fortune, sans famille... J'ai échangé
mon appartement contre une mansarde...

ÉLISA.

Monsieur !... monsieur.... Mais qu'êtes-vous donc ?

AMÉDÉE.

...Ton ami !... ton amant... Je t'aime...... tu le sais bien...
je n'aime que toi... et tes larmes.. je voudrais les racheter
au prix de ma vie entière...

ÉLISA.

Eh bien ! alors, venez trouver ma grand'mère... dites-lui
que vous m'aimez... Elle sait que je vous aime... et si vous
ne m'avez pas trompée... demandez-lui ma main... Tenez
vos promesses... toutes vos promesses !... Venez !...

AMÉDÉE.

Elisa !... calmez-vous... écoutez-moi...

ÉLISA.

Vous refusez... Vous ne vouliez donc que me séduire... me
perdre...

AMÉDÉE.

Je ne suis pas libre non plus... J'ai un père dont la sévérité..

ÉLISA.

Une famille !... et vous disiez...

AMÉDÉE.

Grâce !...

ÉLISA.

Ah ! malheureuse !... (Elle tombe assise et pleure.)

AMÉDÉE.

Oui, une famille qui pourrait exiger pour moi un sort plus
brillant peut-être... Mais, plus tard... (Mouvement d'Elisa.)
Rassure-toi... tout ce qui doit te rendre la confiance, le bonheur... c'est mon amour, qui jamais n'a été plus tendre !...
Et qu'as-tu besoin de sermens nouveaux... d'engagemens plus
sacrés que ceux que ton amour a sanctifiés pour moi?.. Ne peux-
tu m'aimer tel que tu me connais... tel que je suis... en secret,
toujours... Laisse-moi t'assurer un sort digne de toi... te
faire partager une fortune....

ÉLISA, se levant vivement.

...Ah ! monsieur...
(Elle passe à gauche.)

AMÉDÉE.

Pardon!.. ne repousse pas mes vœux... tu es ma femme; et...

SCÈNE XV.

Les Mêmes, M. BIZOT, puis JOSEPH.

M. BIZOT, *à la cantonnade.*

Oui, je m'en charge... je m'en...

(Il aperçoit Amédée et s'arrête.)*

AMÉDÉE, *changeant de ton.*

Ainsi, mademoiselle, quand Mme Meunier voudra...

ÉLISA, *bas.*

Et cacher mes larmes...

M. BIZOT.

C'est lui... tant mieux?.. Ah! monsieur Amédée, je suis bien
aise de vous voir...

AMÉDÉE.

Monsieur... certainement... Je venais prendre un rendez-
vous pour finir le portrait de Mme Meunier...

M. BIZOT.

Ah! oui... mais en attendant, elle m'a prié d'avoir avec vous
un quart-d'heure d'entretien...

AMÉDÉE.

Avec moi, monsieur!.. (*A part.*) Qu'est-ce qu'ils me
veulent?..

ÉLISA.

Avec M. Amédée... En ce cas je vais...

M. BIZOT.

Non, restez!... Si monsieur veut me permettre de l'ac-
compagner jusqu'au boulevart...

AMÉDÉE.

Comment donc!... avec plaisir!.. (*A part.*) Que le diable
l'emporte...

M. BIZOT, *bas à Elisa.*

Vous avez eu tort... c'était un bon parti... monsieur Durand...

* Amédée, M. Bizot, Elisa.

AMÉDÉE, à M. Bizot.

Je suis à vos ordres.

M. BIZOT.

En ce cas, suivez-moi.

(Il remonte la scène.)

AMÉDÉE, se rapprochant d'Elisa.

A bientôt.

(Au moment où M. Bizot est près de la porte et va l'ouvrir, Joseph rentre, et l'ouvrant brusquement, il heurte vivement M. Bizot, qui va tomber sur le mur.)

JOSEPH, entrant et criant.

Ah ! enfin, je sais... je sais...

M. BIZOT.

Eh bien ! eh bien !...

AIR : Venez, mon père.

C'est encor lui, j'en mourrai, c'est certain.

ELISA.

O ciel ! mon frère !

M. BIZOT.

Il en veut à ma vie !...

JOSEPH.

Est-c' ma faute ?... là ! j'vous en prie,
Pourquoi toujours est-il sur mon chemin ?

M. BIZOT, à Amédée.

Venez, monsieur...

AMÉDÉE, à M. Bizot.

Je vous suis...

(A Elisa.)

Au revoir.

JOSEPH.

C'est encor lui.

M. BIZOT.

Je perds courage...
Je donnerai congé ce soir,
Et dès demain je déménage.

ENSEMBLE. *

AMÉDÉE.

Pauvre Elisa, son malheur est certain,
Mon abandon peut lui coûter la vie ;
Que faire, ô ciel ! par cette perfidie...
Mon fol amour a rompu son destin.

* Joseph, M. Bizot, Amédée, Elisa.

JOSEPH.

Tu vas cesser... je verrai quelque chose, c'est certain...
C'est comme ce matin... de toujours...!
Est-ce ma faute là, je vous en prie...
Pourquoi toujours est-il sur mon chemin?

ELISA.

Oui, c'en est fait, j'en mourrai de chagrin.
Sa trahison doit m'arracher la vie.
Pouvais-je croire à tant de perfidie...
Lorsqu'il parlait ici de double hymen?

M. BIZOT.

Je suis rompu, j'en mourrai, c'est certain...
Le drôle, il en veut à ma vie...
Est-ce ma faute, je vous prie,
S'il est toujours aussi sur mon chemin?

(Amédée et M. Bizot sortent.)

SCENE XVI.

JOSEPH, ELISA.

ÉLISA, à part.

Que va-t-il lui dire?... si c'était...

JOSEPH.

Eh bien!... je le connais...

ELISA.

Qui donc?

JOSEPH.

M. Médée...

ÉLISA.

Ah! tu sais...

JOSEPH.

Son nom, son père, son numéro...

ÉLISA.

Et qui t'a appris?

JOSEPH.

Ah! voilà... ça sert d'être gamin quelquefois... Je portais
donc mes épreuves, ces gueuses d'épreuves, ont-elles du guignon!... elles n'arriveront pas aujourd'hui.

ÉLISA.

Parle donc.

JOSEPH.

Tout-à-coup, au détour du boulevart, dans la rue Basse, j'aperçois un tilbury.... juste celui de l'autre jour, avec un joli cheval... J'aime ça, les chevaux... et puis le petit groom, avec un galon doré à son chapeau et un collet vert à son habit... une livrée... pas gêné !...

ÉLISA.

C'était à M. Amédée...

JOSEPH.

Attends donc... Je le reconnais tout de suite... il avait l'air d'attendre son maître... Il était descendu, le groom... un mioche... Bon ! que je me dis : je vais te repincer au demi-cercle, toi !... Pour lors, je m'approche très-poliment... C'est vous qui êtes le bourgeois... je lui dis... pour le flatter... Juste, il s'y laisse prendre... Je le fais causer de sa bête, et de lui... Il laisse échapper le nom de son maître ; et de carotte en carotte, j'apprends que M. Médée est un beau jeune homme, très-riche.... fils d'un vieux général ou amiral... criblé de décorations et de blessures, avec beaucoup de gloire et un grand nombre de rhumatismes... Enfin, un pair de France, ma chère...

ÉLISA.

Un pair de France...

JOSEPH, *gaîment.*

Rien que ça... M. Médée a une tante !.. une folle, qui ne lui refuse rien... Il est très-dépensier... il donne dans les plaisirs jusqu'au cou... Les parties... les dîners !.. Farceur fini, quoi !.. Et en ce moment il file un mariage au treizième arron-dissement...

ÉLISA.

Que veux-tu dire ?

JOSEPH, *riant.*

Dam !... ce qu'il m'a dit, le petit... M. Médée est amoureux d'une jeunesse, qu'il trompe comme tant d'autres... parce que... (*Elisa chancelle..*) Eh bien !... Quoi donc ?... Qu'est-ce que tu as ?...

(Il la soutient dans ses bras.)

ÉLISA.

Ah ! j'étouffe... je n'y vois plus... mon frère...

JOSEPH.

Lisa !.. ma sœur !.. Eh bien !..

ÉLISA, *fondant en larmes.*

Déshonorée ! perdue !..

JOSEPH.

Que dis-tu ?..

ÉLISA, *se jetant à son cou.*

Moi !.. moi !.. partons !.. emmène-moi !.. Qu'ils ne sachent pas... qu'ils ne voient pas... (*Revenant à elle.*) Joseph !.. Ah ! malheureuse... j'ai dit...

JOSEPH, *pâle et immobile.*

Toi, perdue... ma sœur !... C'est donc toi... Ah ! oui... j'aurais dû... je.. Mais, ma sœur... comment penser ?...

ÉLISA.

Joseph !.. oh !.. ne dis jamais... Il m'a trompée... il m'avait promis... juré...

JOSEPH, *lui mettant la main sur la bouche.*

Oh !.. tais-toi... tais-toi... que grand'mère ne sache pas... Pauvre femme, ça la tuerait...

ÉLISA.

Non, non, c'est moi...

JOSEPH, *apercevant Mme Meunier.*

La voilà !...

SCÈNE XVII.

Les Mêmes, Mme MEUNIER, M. BIZOT.

Mme MEUNIER, *sortant de la droite, et allant vers le fond.*)

Allons donc, monsieur Bizot... je vous attendais de ma fenêtre... Faut donc méditer ça... J'ai eu un rhume, un flegme avant...

JOSEPH, *s'efforçant de paraître gai.*

Ah ! ah !... monsieur Bizot... (*Bas à Élisa.*) Ris donc, voyons... tâche de rire... n'étouffe pas comme ça...

(Il pleure.)

M. BIZOT, *entrant.*

Me voilà ! me voilà...

Mme MEUNIER.

Eh bien ?

M. BIZOT.

Il ne viendra plus...

ÉLISA, *vivement.*

Qui donc ?...

JOSEPH, *lui serrant fortement la main.*

Ah !...

Mme MEUNIER.

Tu vois... parce qu'on lui a dit de s'expliquer...

M. BIZOT.

J'en étais sûr...

JOSEPH, *gaîment.*

Vous dites, grand'mère...

Mme MEUNIER.

Je dis, drôle, paresseux, que s'il n'y avait que vous pour
veiller sur l'honneur de la famille, comme vous l'aviez promis à votre père, quand il vous recommandait Elisa...

M. BIZOT.

Un beau protecteur...

JOSEPH, *s'attendrissant peu à peu.*

C'est vrai, grand'mère... vous avez raison... Oui, je me
rappelle mon pauvre père... il allait mourir... Vous nous aviez
amenés tous les deux... près de son lit... Elisa et moi... deux
pauvres enfans. En nous regardant il pleurait,... et nous
aussi... et vous aussi... grand'mère... et puis il me dit... Oh !
ça me revient comme si c'était hier... il me dit : « Joseph....
» tu aimes bien ta sœur, n'est-ce pas? et plus tard, quand
» tu seras un homme, ce sera à toi, mon enfant, de veiller
» sur elle... de la protéger... de la défendre... Pour tout bien,
» je te laisse le nom d'un brave homme, et son honneur, qui
» sera le tien... gardez-les bien tous deux! » Et il nous em-
brassa... et il mourut en nous bénissant... Et moi, je n'ai rien
fait pour mériter ça... j'ai été un fainéant, un flâneur, un
gamin qu'il faut battre, qu'il faut chasser... Elisa, ma pauvre
sœur... grand'mère... vous ne me pardonnerez pas, vous ferez
bien...

ÉLISA, *lui serrant la main.*

A toi !... oh ! mon Dieu !...

Mme MEUNIER, *essuyant ses larmes.*

Eh bien ! quoi !.. tu vas nous faire pleurer, à présent...

* Bizot, Mme Meunier, Joseph, Elisa.

M. BIZOT, *de même.*

C'est vrai !... il fait tout ce qu'il veut...

Mme MEUNIER, *à Elisa.*

Allons, ça te suffoque aussi ! Allons, il est parti, ce M. Amédée... Tu l'oublieras...

Air *de Renaud de Montauban.*

Il est parti, cet inconnu,
Pour l'honneur de notre famille.

ELISA, *d'une voix éteinte.*

Il n'est plus tems.

JOSEPH.

Qu'ai-je entendu !

Mme MEUNIER.

Allons, tu l'oublieras, ma fille.
Toi, Joseph, tu n'es qu'un enfant.

JOSEPH.

Un enfant ! qui moi ? non, grand'mère,
Oh ! non... je sens à ma colère,
Que je suis un homme à présent.

ELISA.

Je me meurs...

Mme MEUNIER.

Ma fille !

M. BIZOT.

Eh bien ! elle se trouve mal...

(Elisa est tombée sur une chaise. Mme Meunier et M. Bizot sont occupés
d'elle.)

JOSEPH, *seul, sur le devant de la scène, à droite.*

Elisa !.. ma sœur... secourez-la... Un homme !... oui, je
veux être un homme !... il faut que je sois un homme...
et si jamais je retrouve Amédée...Oh ! il faut que je le trouve...
Adieu...

(Il sort rapidement par le fond.)

FIN DU PREMIER ACTE.

ooooooooooooooooooooooooooooooooooooooooooooooooooooo

ACTE II.

Le théâtre représente un salon chez le général Morin. Entrée par le fond. Portes latérales. La porte à la droite de l'acteur est celle du général ; à gauche une seconde entrée. Sur le devant du même côté, un canapé ; de l'autre côté une table.

SCÈNE PREMIÈRE.

(Au lever du rideau, le général et Mme de Morin entrent par la porte du fond.)

Mme DE MORIN, LE GÉNÉRAL.

LE GÉNÉRAL.

Et moi, je vous dis que non...

Mme DE MORIN.

Et moi, je vous dis que si...

LE GÉNÉRAL.

Vous êtes une folle...

Mme DE MORIN.

Et vous un bourru...

LE GÉNÉRAL, s'asseyant sur le canapé, et posant son pied goutteux sur un carreau de pied.

Parce que je vous dis vos vérités...

Mme DE MORIN, s'asseyant auprès de la table.

Parce que vous aimez à me contrarier... c'est votre plaisir.

LE GÉNÉRAL.

J'y tiens... je n'en ai pas d'autres... ça... et ma goutte... voilà ce qui me reste...

Mme DE MORIN.

C'est trop de moitié...

LE GÉNÉRAL.

Voulez-vous de ma goutte?... je vous la cède... et de tout mon cœur...

Mme DE MORIN.

Merci, mon cher beau-frère... Mais, quoi que vous en disiez... je vais écrire à mon médecin de venir le voir.

LE GÉNÉRAL.

Pour un rhume !... ça n'a pas le sens commun...

Mme DE MORIN.

Cela peut être grave...

(Elle écrit.)

LE GÉNÉRAL.

Laissez-moi donc tranquille !... Au reste... écrivez... Vous aimez à déranger les gens pour rien... Et quand mon pauvre frère vivait, c'était la même chose... pas un instant de repos,

Mme DE MORIN.

Avec cela qu'il était si complaisant... comme vous...

LE GÉNÉRAL.

Ah ! parbleu ! madame....

AIR de Turenne.

Vous le tourmentiez ce bon frère...
C'était le meilleur des époux.
Lorsqu'une paix involontaire,
Nous renvoya chacun chez nous,
Nous revînmes bien malgré nous.
Fou que j'étais, dans mon veuvage,
Je regrettais la guerre... et je le vois,
Mon frère, plus heureux que moi,
La retrouvait dans son ménage.

Mme DE MORIN, *riant.*

Toujours aimable !...

HILAIRE, *qui est entré depuis un moment.*

Général?...

LE GÉNÉRAL.

Après?...

HILAIRE.

Je viens prendre vos ordres pour le déjeuner... si vous déjeunez à l'hôtel...

LE GÉNÉRAL.

Imbécille !... est-ce que je peux sortir?... est-ce que je sors?.. est-ce que la goutte ne m'a pas cloué ici !... je ne vais pas même à la chambre...

Mme DE MORIN.

Vous en êtes fâché?...

LE GÉNÉRAL.

Je ne dis pas... c'est si amusant...

HILAIRE.

Qu'est-ce que monsieur le général prendra ce matin?...

LE GÉNÉRAL.

Eh! parbleu!... du chocolat!... voilà mon ordinaire depuis six semaines... Je me prive de tout... et l'on parle des
progrès de la médecine; je leur en fais mon compliment!...
l'homéopathie est une belle découverte!... depuis qu'elle
s'en mêle, je ne dors plus... A propos, Hilaire... qu'est-ce
que c'est donc que ce tapage que j'ai entendu hier soir... au
moment de me coucher?...

Mme DE MORIN.

Ah!... j'en ai eu un mal de tête affreux!...

HILAIRE.

Mon Dieu!... madame, je ne sais que vous dire... nous
n'y comprenons rien... C'est un petit jeune homme... une
espèce d'ouvrier en blouse... Il voulait absolument entrer...
il était fort ému... fort agité... il demandait à voir M. Morin...

LE GÉNÉRAL.

Moi?...

HILAIRE.

On lui a dit que vous reposiez... il n'en a tenu compte...
Il voulait entrer de vive force... c'était un diable... En se col-
letant avec le concierge, il a cassé deux ou trois carreaux...
et sans une patrouille qui est venue à passer et qui l'a fait
fuir... je ne sais pas comment cela aurait fini...

LE GÉNÉRAL, souriant.

Ah! il a cassé des carreaux?...

Mme DE MORIN.

Il faut le faire arrêter...

LE GÉNÉRAL.

Non!... il faut les faire remettre...

SCÈNE II.

Les Mêmes, AMÉDÉE.

AMÉDÉE, *entrant par le fond.*

Bonjour, mon père... comment avez-vous dormi?...

LE GÉNÉRAL

Mal !..... et toi, t'es-tu couché?...

AMÉDÉE.

Mon père?...

Mme DE MORIN, *se levant.*

Amédée, tu ne m'embrasses pas?

AMÉDÉE.

Ma tante ici... déjà...   (Il l'embrasse.)

Mme DE MORIN.

Levée sitôt... cela t'étonne?... et moi aussi!... Octave est souffrant... J'envoie chez le médecin... tu passeras chez moi ce matin... j'ai à te parler de la grande affaire... tu sais?...

AMÉDÉE.

Ma tante.

LE GÉNÉRAL.

Ah! oui, le projet... vieille noblesse.

(Mme de Morin passe auprès du général.)

AIR *de la Robe et les Bottes.*

Terminez donc ce brillant mariage.

Mme DE MORIN.

Eh! oui vraiment...

LE GÉNÉRAL.

C'est difficile au moins.

Mais pourquoi donc?

LE GÉNÉRAL.

La famille, je gage,

A de l'orgueil?

Mme de Morin, Amédée, le général.

Mme DE MORIN.

Fiez-vous à mes soins.
C'est moi qui mènerai l'affaire.

LE GÉNÉRAL, *avec ironie.*

Vous ma sœur ?

Mme DE MORIN.

Il faut en ce cas
De la douceur, et j'en réponds, mon frère,
Si vous ne vous en mêlez pas.

LE GÉNÉRAL.

Hein ?

Mme DE MORIN.

Adieu... (*A Amédée.*) Je rentre chez moi... j'envoie ma lettre... et je t'attends. (*En passant près du général.*) Hon ! bourru.

(*Elle sort par la porte à gauche.*)

SCÈNE III.

AMÉDÉE, LE GÉNÉRAL, *assis sur son canapé,* HILAIRE.

LE GÉNÉRAL.

L'aimable compagnie pour un goutteux !...

HILAIRE.

Monsieur Amédée déjeunera-t-il?

AMÉDÉE.

Non, merci... à moins que mon père...

LE GÉNÉRAL.

Oh ! je ne te retiens pas.... du chocolat... c'est assez maussade. (*Hilaire sort.*) Il te faut le café anglais, des amis, ou du moins des convives pour parler de chevaux et de femmes... C'est tout simple... c'est de votre âge, et je ne m'en plains pas... si ce n'étaient les habitudes d'oisiveté où cela te jette...

AMÉDÉE.

Mais je m'occupe, mon père, autant que ma position et ma fortune l'exigent...

LE GÉNÉRAL.

Oui, à rien faire... Parce que tu as de la fortune, tu te crois dispensé d'être bon à quelque chose... L'Opéra... les Italiens... après cela, les bals... le bois de Boulogne... et puis, c'est tout. (*Amédée prend une chaise et s'assied à la droite de son père.*) Je ne te parle pas de ton grade... C'est gentil, c'est brillant... au Carrousel ; mais ce n'est pas là que tu attrapera ma goutte et mes rhumatismes.

AMÉDÉE.

C'est là la seule chose que je ne vous envie pas.

LE GÉNÉRAL.

Tu fais bien, mon garçon... et je ne te souhaite pas le reste... Il y a des momens, vois-tu, où je donnerais tout ce que j'y ai gagné pour le quart de ce que j'y ai perdu... Je regrette Napoléon, et je n'ai pas tort... il m'aurait fait tuer sur un champ de bataille, lui... cela valait mieux que de venir mourir en détail sur un canapé... Mais laissons cela ; j'ai l'air de gronder... parce que je souffre en diable... Que veux-tu !... nous autres momies de l'empire, comme vous dites, nous vivons du passé ; nous en sommes aux regrets... cela ne t'arrivera pas à toi... c'est une consolation...

AMÉDÉE.

Vous êtes sévère, général...

LE GÉNÉRAL.

C'est de l'enfantillage... touche-moi la main... Et décidément, te maries-tu ?...

AMÉDÉE.

Ma tante y tient beaucoup...

LE GÉNÉRAL.

Ta tante est une folle, capricieuse, insupportable... mais il faut la respecter... d'ailleurs elle t'aime... ce mariage en est une preuve... c'est un fort beau parti... de la noblesse, des titres...

AMÉDÉE, *l'observant.*

Oh ! vous n'y tenez pas...

LE GÉNÉRAL, *vivement.*

Si fait !... Je suis fier comme les autres... voyez-vous ! plus fier qu'eux, peut-être... et je veux m'allier à quelqu'un qui en vaille la peine.

AMÉDÉE.

Mais, mon père, je suis bien jeune encore... et puis, s'il faut vous le dire, j'ai des idées...

LE GÉNÉRAL.

Des idées, toi !... c'est curieux...

Le Gamin de Paris. 4

AMÉDÉE.

Je ne crois pas au bonheur en ménage...

LE GÉNÉRAL.

Parce que le moindre devoir vous pèse... parce que l'état de mari ressemble à une occupation... mais ce mariage me plaît... et s'il peut se faire, il se fera... je ne m'en mêle pas; je ne veux pas me commettre avec ces grands seigneurs d'autrefois... ça vous regarde... ta tante et toi.

AMÉDÉE.

Puisque vous l'exigez, mon père...

LE GÉNÉRAL.

J'exige que tu te ranges avant que je m'en aille... Quand tu tiendras à une grande famille, tu changeras d'avis, de connaissances; elles ne sont pas toutes bonnes, je le sais...

AMÉDÉE.

Comment! que voulez-vous dire?

LE GÉNÉRAL.

Rien... Je répète des sottises, sans doute... A la dernière soirée du maréchal, tout en m'ennuyant à la bouillotte, j'entendais votre nom autour de moi... c'était, je pense, de vos amis intimes... de la jeunesse dorée. Amédée, disait l'un d'eux qui venait de perdre en un tour de table son traitement d'une année, Amédée est toujours bon enfant; mais il nous néglige, il ne joue plus, il ne boit plus, il donne dans le sentiment... Quelque grande dame? reprit l'autre... Eh! non, mon cher, une grisette... c'est son genre!...

AMÉDÉE.

Et quel est l'insolent?... vous aviez pu croire...

LE GÉNÉRAL.

Pourquoi pas?... J'en ai ri comme eux... je t'aimais mieux quand tu me faisais de la musique, le soir, pour m'endormir... ou quand tu me peignais des petits tableaux de bataille, comme ce pauvre Lejeune... Mais il n'est pas défendu d'avoir vingt-trois ans... (*Lui prenant amicalement la main.*) Tu es un honnête garçon... tu n'es pas homme à te fourvoyer. (*S'emportant.*) S'il en était autrement, malheur!... (*Avec calme.*) Je suis tranquille... il faut dire une bonne fois adieu aux amours de magasin; et puis il me faut une bru et des petits-enfans, pour gronder un peu... (*s'attendrissant*) pour avoir des caresses, là... sous ma main.

Air: *J'ai vu le Parnasse des Dames.*

C'est une triste compagnie,
Que la goutte, et je voudrais mieux :
Des marmots, une bru jolie,
Des caresses, des cris joyeux.
Tâche d'égayer ma retraite,
Car, à mes côtés désormais,
Il faut que le plaisir s'arrête,
Je ne puis plus courir après.

(Il se lève.)

AMÉDÉE, *très-affectueusement.*

Ah! mon père!...

LE GÉNÉRAL, *le conduisant jusqu'à la porte.*

C'est bien! c'est bien!... va trouver la baronne... elle te décidera tout-à-fait... finissez-en.... Je vais prendre mon chocolat...

HILAIRE.

Général, faut-il servir?

LE GÉNÉRAL.

Dépêchez-vous, j'attends.

(Il entre à droite.)

SCÈNE IV.

AMÉDÉE, *seul.*

Oui, voyons ma tante... Ma position n'est plus tenable; du courage... ne réfléchissons pas... Aussi bien, quand on a un violent chagrin ou un remords dans le cœur, il faut prendre tout de suite une bonne résolution... Pauvre Elisa! (*A Hilaire qui porte le chocolat.*) Mme la baronne est chez elle?

HILAIRE.

Oui, monsieur. (*Amédée sort par la gauche, Hilaire va pour entrer chez le général. On entend du bruit au dehors.*) Eh! mais, qu'est-ce que j'entends encore là?

(Les portes du fond s'ouvrent.)

SCÈNE V.

HILAIRE, *puis* **DEUX DOMESTIQUES** ; *ensuite* **JOSEPH**, *et enfin* **LE GÉNÉRAL**.

(*Joseph est en redingote et en casquette élégante.*)

PREMIER DOMESTIQUE.

Monsieur Hilaire, c'est encore ce tapageur d'hier soir.

HILAIRE, *posant le chocolat sur la table.*

Jetez-le à la porte....

DEUXIÈME DOMESTIQUE, *retenant Joseph à la porte.*

Je vous dis que vous n'entrerez pas!

PREMIER DOMESTIQUE, *allant à lui.*

Certainement non.

JOSEPH, *se débattant.*

Et je vous dis que j'entrerai... Valets! gringalets! paltoquets!...

HILAIRE.

Faites-le arrêter.

JOSEPH, *entrant.*

M'arrêter!... laissez donc... je sors d'en prendre.

HILAIRE, *allant à lui.*

Voyons, sortez! et sur-le-champ.

JOSEPH.

Ah! mon ancien, tu n'es pas encore de calibre à ça, toi... (*Hilaire veut le saisir, il lui donne un croc en jambe.*) Passe la jambe! (*Hilaire tombe assis.*) Descendez, laquais!... on vous demande en bas.

LES DEUX DOMESTIQUES, *éclatant de rire.*

Ah!... ah!... ah!...

HILAIRE, *assis et stupéfait.*

Eh bien!... eh bien!...

PREMIER DOMESTIQUE, *voulant saisir Joseph.*

Comment, ce manant-là se permet...

JOSEPH.

Halte-là! ou nous allons dire *bis*.

LE GÉNÉRAL, *paraissant à sa porte.*

Qu'y a-t-il? qu'est-ce que c'est?...

HILAIRE, *se relevant.*

Vous voyez le tapageur d'hier, général.

JOSEPH.

Général... (*Il ôte vivement sa casquette.*) Oh !...

LE GÉNÉRAL.

Comment, drôle !... c'est toi qui viens livrer bataille chez moi ?

JOSEPH, *d'une voix tremblante.*

Pardon, monsieur le général... mais quand on vient demander justice, on ne peut pas se laisser mettre à la porte.

HILAIRE.

On lui a dit...

LE GÉNÉRAL, *aux domestiques.*

Silence ! (*A Joseph.*) Justice de qui?.. à qui?...

JOSEPH.

C'est à M. Amédée Morin...

HILAIRE.

Mais, ce n'est pas...

JOSEPH, *du même ton que le général.*

Silence !.. monsieur le général vous a dit. (*Au général.*) C'est votre fils...

LE GÉNÉRAL.

Eh bien ! mon fils?.. (*Aux domestiques.*) Laissez-nous.

HILAIRE.

Le chocolat...

LE GÉNÉRAL.

C'est bien ; je vais le prendre.

JOSEPH, *à part.*

Ça me fait un singulier effet... je ne m'attendais pas....

(Les domestiques sortent.)

SCÈNE VI.

LE GÉNÉRAL, JOSEPH.

LE GÉNÉRAL, *observant Joseph.*

Eh bien ! que veux-tu à mon fils ?.. Parle.

JOSEPH, *roulant sa casquette.*

Ce n'est pas vous que je cherchais ; c'est M. Amédée.

LE GÉNÉRAL.

Que diable !... je suis son père !

JOSEPH.

Je ne dis pas, mon général, et j'en suis bien fâché.

LE GÉNÉRAL.

Qu'est-ce à dire ? explique-toi.

JOSEPH.

Ah ! mon Dieu ! mon général, je ne sais comment... Je croyais pouvoir... et je n'ose pas. Je voudrais voir Amédée... (*Se reprenant.*) M. Amédée.

LE GÉNÉRAL, *avec impatience.*

Ah ! tu m'impatientes à la fin...

AIR : *Un homme pour faire un tableau.*

Allons, voyons, rassure-toi.

JOSEPH.

Général, vous êt's trop aimable.

LE GÉNÉRAL.

Voyons, avance auprès de moi.

JOSEPH.

Au fait il a l'air d'un bon diable.

LE GÉNÉRAL.

Eh bien !

JOSEPH.

Pour moi, c'est trop d'honneur.

LE GÉNÉRAL.

Mais tu recules, il me semble.

JOSEPH.

Certain'ment vous n'me faites pas peur,
Mais c'est singulier comm' je tremble.

LE GÉNÉRAL.

Parle, ou va-t'en.

JOSEPH.

C'est juste : je suis franc, et je vas tout vous dire... vous conter...

LE GÉNÉRAL.

A la bonne heure !... Approche et dépêche-toi.

(Il s'assied et s'occupe de son chocolat.)

JOSEPH.

Voici ce que c'est, mon général... Je vis chez nous, avec
ma grand'mère qui est une bonne femme... et ma sœur, un
ange... Nous sommes de braves gens... c'est-à-dire moi... hier
encore, un enfant... mais aujourd'hui...

LE GÉNÉRAL.

Oui, hier, tu as cassé mes carreaux, et aujourd'hui tu me
débites un tas de sornettes...

JOSEPH.

Pour ce qui est des carreaux, c'est l'affaire du vitrier.

LE GÉNÉRAL.

Mais voyons... Quels rapports as-tu avec mon fils?... te
doit-il de l'argent?

JOSEPH.

Eh! si ce n'était que ça... Votre fils, voyez-vous... oh! c'est
indigne... il vient loger à côté de nous... comme un pauvre
jeune homme, un ouvrier, un artiste sans ouvrage, quoi!...
avec un habit râpé, un air honnête... (*Le général laisse son chocolat.*) Et puis, entre voisins, on se dit un mot en passant...
comme ça... bonsoir... de rien à rien... il n'y a que la main...
Et sous prétexte de faire le portrait de ma grand'mère, pauvre
bonne femme... comment se douter?.. et moi donc... je l'aimais, M. Amédée... comme un frère... il me tutoyait... (*Le
général se retourne et le suit avec intérêt.*) Et puis, ma sœur, si
bonne, si sage !... Ah ! votre fils, votre fils, c'est un faux
ami... c'est un... c'est un...

(Il suffoque.)

LE GÉNÉRAL, *se levant.*

Allons, assieds-toi... continue... du courage donc... Il a
du cœur, cet enfant.

JOSEPH.

Oui, du cœur... c'est ce qui m'étouffe... J'en mourrai, et
ma grand'mère... ah ! mon général !

LE GÉNÉRAL.

Continue, mon garçon... Je tremble de deviner...

JOSEPH, *avec énergie.*

Votre fils, c'est un traître, un lâche... (*Mouvement du général.*) Oui, oui, un lâche ! il nous trompait tous... Hier, sur
quelques soupçons, quand on lui a dit : « Eh bien! parle...
demande sa main... épouse-la, tiens ta promesse... » il a

répondu : *non*.... et il est parti... et ma pauvre sœur m'a sauté
au cou en pleurant... et elle m'a dit : « Déshonorée... perdue!»
Voilà, mon général...

LE GÉNÉRAL , *croisant les bras et le regardant.*

Oui, j'attendais cela... déshonorée... perdue !... Qu'est-ce
que tu veux que j'y fasse?

JOSEPH.

Mais vous n'avez donc pas entendu ?... déshonorée !...

LE GÉNÉRAL, *se promenant.*

Éh! parbleu ! voilà le fruit de l'oisiveté, de la paresse !
Séduire une pauvre fille.... des roueries du bon tems... une
régence au petit pied. Qu'il vienne !... oh ! je le traiterai...
Il partira... il quittera Paris... il le faut...

JOSEPH.

Et ma sœur, monsieur... que voulez-vous qu'elle devienne?

LE GÉNÉRAL.

Ta sœur.., ta sœur... c'est malheureux sans doute, mon
garçon... Je conçois ton chagrin ; mais au bout du compte,
pourquoi ta sœur s'est-elle laissé séduire?..

(Il va s'asseoir.)

JOSEPH.

Pourquoi?... Ah ! vous aviez l'air d'un brave homme, vous
m'aviez écouté avec tant de bonté !... je vous aimais déjà...
mais vous êtes dur, insensible ; je ne vous aime plus... Pourquoi?.. parce que votre fils a menti... lâchement menti ; parce
qu'il n'a pas dit : Je suis M. Amédée, fils d'un général, d'un
pair de France, d'un comte ; est-ce que je sais?.. parce qu'il
n'a pas dit : je suis noble, riche, puissant... On voit la dis-
tance alors, on se méfie... mais un ouvrier, un artiste qui
vous aime, qui vous épousera... Il l'a juré... il avait l'air malheureux... Parbleu !... nous l'aimions tous... ma sœur aussi !
et si elle a failli, c'est qu'un ange aurait failli comme elle...
Dam ! il cachait son nom..... son rang..... et jusqu'à cette
croix... cette croix d'honneur qu'il porte.. oh ! il a bien fait...
il n'y avait pas de cœur dessous !

LE GÉNÉRAL , *vivement.*

Malheureux !... (*Se contraignant.*) Mais oui... un déguise-
ment, une trahison... une lâcheté...

JOSEPH.

Et vous son père... un brave général de l'empereur... vous
demandez ce qu'il faut que vous fassiez ?...

(57)

LE GÉNÉRAL.

Parbleu!... tu me ferais plaisir de me l'apprendre.

JOSEPH.

C'est bien difficile.

LE GÉNÉRAL.

Je voudrais te voir à ma place.

JOSEPH.

Tiens! et moi aussi...

LE GÉNÉRAL.

Qu'est-ce que tu ferais ?...

JOSEPH.

Oh! si vous ne devinez pas... ce n'est pas la peine... Mais si fait!... A votre place, moi, voyez-vous, je ferais venir mon fils; je lui dirais : « Monsieur le comte, vous êtes un gueux, » un misérable, vous avez trompé de braves gens... une pau- » vre jeune fille... vous vous êtes fait passer pour ce que vous » n'étiez pas, pour un artisan, un ouvrier... Eh bien! vous » serez artisan, monsieur, vous travaillerez pour vivre. »

LE GÉNÉRAL.

Eh bien!

JOSEPH.

Et vous épouserez la pauvre jeune fille que vous avez trompée.

LE GÉNÉRAL, *souriant*.

Comme tu y vas!...

JOSEPH.

AIR : *Epoux imprudent. fils rebelle.*

Je n'vous demand' pas votr' richesse,
On s'pass' de fortune et d'grandeur;
Je m'moqu' que ma sœur soit comtesse,
Mais j'veux qu'on lui rende l'honneur;
Son uniqu' bien est son honneur!
Victime d'une ruse infâme,
J'veux qu'elle épous' tout d'suit' son séducteur,
Elle ne s'ra pas la femme d'un grand seigneur,
Mais ell' doit être une honnêt' femme!

LE GÉNÉRAL.

Bien! bien!... mais épouser... (*A part.*) C'est qu'il y a du bon dans ce gaillard-là... de l'ame, de la franchise, du désin- téressement!

(Il se lève.)

JOSEPH.

Eh ! pourquoi pas épouser ?...

LE GÉNÉRAL, *avec bonté.*

Eh ! mon pauvre ami, tu ne sais pas que c'est précisément la chose impossible...

JOSEPH.

Impossible !... mais alors, où est-il donc ? car ce n'est pas vous que je cherchais... c'était lui !... Impossible !... vous n'êtes pas un honnête homme.

LE GÉNÉRAL.

Eh ! va te promener... tu lasses ma patience... Il n'y a pas moyen de s'entendre avec ce drôle-là.

(Il se rassied.)

JOSEPH, *avec une fureur croissante.*

Impossible !... je veux qu'il me dise ce mot-là lui-même... Alors,... alors,... il me tuera ou je le tuerai... oui, je le tuerai... je ne sais pas comment... c'est égal ; les épées, les pistolets... ça ne me connaît pas ; mais entre hommes, il doit y avoir des moyens. Oui, oui, il y en a, monsieur le général, n'est-ce pas ?... il y en a ?

LE GÉNÉRAL.

Allons donc ! es-tu fou ?... c'est à moi qu'il demande...

SCÈNE VII.

Les Mêmes, Mᵐᵉ DE MORIN*.

Mᵐᵉ DE MORIN, *entrant.*

J'attendrai Amédée ici.

JOSEPH, *tressaillant.*

Amédée !

(Il veut courir vers la porte.)

LE GÉNÉRAL, *le retenant.*

Reste !

Mᵐᵉ DE MORIN.

Qu'est-ce ? à qui en a-t-il donc, ce garçon ?... Eh bien ! général, ce n'était rien, disiez-vous, Je sais enfin la vérité ; la malheureuse bonne m'a tout avoué.... Savez-vous ce qui est arrivé à Octave ? hier, en jouant sur les bords du canal... il y est tombé.

* Le général, Joseph, Mᵐᵉ de Morin.

JOSEPH, *écoutant.*

Hein !

LE GÉNÉRAL.

O ciel !

Mme DE MORIN.

Et sans un... je ne sais qui... un ouvrier... qui s'est trouvé
là.....

(Mouvement de Joseph.)

LE GÉNÉRAL.

Cela vous apprendra à confier votre enfant à une jeune fille,
la première venue... Mais, tenez, vous arrivez fort à propos,
et puisque vous aimez tant votre neveu, venez entendre son
éloge.

JOSEPH, *à part.*

Oh ! la tante... je sais.

Mme DE MORIN.

Tant mieux ! car j'ai pour lui une bonne nouvelle à vous
donner.

LE GÉNÉRAL.

Une bonne nouvelle... Eh ! que m'importe ?... (*Il se lève*[*].)
Savez-vous ce qu'il a fait votre élève ? car c'est votre élève,
madame la baronne.... Vous me l'avez gâté, et je devrais
m'en prendre à vous de ses sottises. Il se déguise, il court les
ruelles, il porte le désordre dans les familles...

Mme DE MORIN.

Bah ! vraiment !

LE GÉNÉRAL.

Demandez à ce garçon.... Une jeune fille trompée...

Mme DE MORIN.

Amédée ! vrai !... une séduction... Voilà donc ce qu'il me
cachait... une amourette ! (*Riant légèrement.*) Ah ! ah ! ah ! ah !

JOSEPH.

De quoi rit-elle donc, cette baronne-là ?

LE GÉNÉRAL.

Taisez-vous ; vous voyez bien que cet enfant-là vous écoute.

Mme DE MORIN.

Bien ! bien !... et qu'est-ce qu'il veut ? qu'est-ce qu'il demande ?...

* Joseph, le général, Mme de Morin.

LE GÉNÉRAL.

Il demande une réparation... un mariage... ah !

Mme DE MORIN.

Un mariage... Amédée, votre fils... avec... J'y suis... une jeune fille, bien timide et assez ingénue pour écouter... (*Riant.*) Ah ! ah ! ah ! un mariage !...

LE GÉNÉRAL, *lui serrant la main.*

Taisez-vous donc !... Son frère...

JOSEPH.

Ah ça ! madame, est-ce de moi que vous riez?... Est-ce de ma sœur que vous parlez ainsi ?

Mme DE MORIN.

Qu'est - ce qu'il a ce petit bonhomme ?

JOSEPH.

Ah ! c'est que je me moque des grands airs.

Mme DE MORIN.

Insolent !

JOSEPH.

Elle a dit ?

LE GÉNÉRAL, *A Joseph.*

Paix donc ! paix donc !.... (*A Mme de Morin.*) Ne faites pas attention.

Mme DE MORIN.

Et vous ne le faites pas jeter à la porte ?

JOSEPH.

Je ne suis pas chez vous... je suis chez M. le général, qui est un brave homme, lui... au lieu que vous et votre neveu... votre neveu et vous...

LE GÉNÉRAL.

Allons, tais-toi aussi.

Mme DE MORIN, *s'efforçant de sourire.*

Et vous écoutez cela, vous... et vous avez la patience...

JOSEPH.

Ça vous paraît drôle, n'est-ce pas, madame?... Un jeune homme de bonne maison s'amuse, c'est son état... il n'a que ça à faire. Et c'est le repos, l'honneur d'une pauvre famille qui sert à ses plaisirs ! c'est drôle tout-à-fait... (*Riant et pleurant.*) Oh ! oui, c'est bien drôle; parce qu'il n'y a pas de loi qui condamne aux assises ceux qui nous enlèvent le repos de toute notre vie, qui font mourir une pauvre vieille mère de chagrin, qui assassinent dans sa maison une famille entière... On rit de ça, on dit : C'est bien fait !... tant pis !... et ceux-là, on ne les punit pas, on leur donne de bonnes places, des

honneurs... Oh ! vous avez raison de rire, madame... c'est bien
drôle !

LE GÉNÉRAL.

Ce petit diable-là... il m'attendrit.

Mme DE MORIN.

A la bonne heure ! mais ce n'est pas une raison pour qu'il
pénètre ici... pour qu'il m'insulte... Sa sœur ! est-ce votre
faute ? est-ce la mienne ?... Nous n'y pouvons que faire...

JOSEPH.

Je voudrais bien vous voir aujourd'hui... Si j'avais dit ça
hier, plutôt de me jeter dans le canal...

Mme DE MORIN.

Qu'est-ce qu'il dit ?

LE GÉNÉRAL.

Dans le canal !

JOSEPH.

AIR : J'en guette un petit de mon âge.

Oui, c'était l'prix d'l'injur' que vous me faites,
Oui, c'était moi... je n'voulais pas m' trahir,
Vous m'y forcez, tout' baronn' que vous êtes,
J'en suis content, ça vous f'ra peut-êtr' rougir.
Vous n'ririez pas, vous n'auriez pas tant de joie,
Si j'avais dit hier, près du canal :
Eh bien ! tant pis, ça m'est égal,
Ce n'est qu'un baron qui se noie...

Mme DE MORIN, allant à lui.

Il se pourrait !... C'est toi... c'est vous*?...

LE GÉNÉRAL.

C'est bien fait... ça vous apprendra...

Mme DE MORIN.

Lui, qui a sauvé mon fils !.. Mon ami, si j'avais su... vous
êtes un brave garçon, je ne dis pas... et ma reconnaissance...
Je m'occuperai de vous, de votre sœur... Nous réparerons
cela... n'est-ce pas, général ?

LE GÉNÉRAL.

Certainement. Allons, va, mon garçon... va, compte sur
nous, entends-tu ?

JOSEPH.

Mais tout de suite, général.

Mme DE MORIN, allant à lui, et lui glissant une bourse dans la main.

Tiens, mon enfant, tiens... pour toi, pour ta sœur... en
attendant.... et si elle se conduit bien, si elle ne voit plus
mon neveu, nous doublerons, nous triplerons...

* Joseph ; Mme de Morin, le général.

(62)

Quoi donc , madame la baronne?... de l'argent pour moi!.,
pour ma sœur ! de l'or... (*Jetant la bourse.*) Merci ! voilà le cas
que j'en fais de votre or..; je le méprise comme.., comme...

LE GÉNÉRAL.

De l'or ! (*Se frappant le cœur.*) Vous n'avez donc rien là ?

Mme DE MORIN.

Dam ! il me semble...

LE GÉNÉRAL, *repassant auprès de Joseph*.

Allons, c'est juste ! elle s'est trompée ; il faut mieux que
ça... La baronne ira voir ta sœur, entends-tu ?

JOSEPH.

Ah ! madame !..,

Mme DE MORIN.

Oui, oui , j'irai la voir,

LE GÉNÉRAL.

De ma part.

JOSEPH.

Dites donc ,, général, si vous pouviez venir vous-même.

LE GÉNÉRAL.

Je ne demanderais pas mieux , et tout de suite encore...
mais je ne peux pas sortir , monter , descendre... voilà une
jambe qui refuse le service,

JOSEPH.

Comment !... Et si vous pouviez sortir ?

LE GÉNÉRAL.

J'irais avec toi, mon garçon..., je verrais ta sœur..., et si
c'est une brave fille , si elle te vaut...,

JOSEPH.

Oh ! mieux, cent fois mieux... Eh bien?

LE GÉNÉRAL.

Eh bien ! je ne dis pas.... il y a un moyen peut-être. (*A
part.*) Excepté le mariage.

Mme DE MORIN , *à demi-voix au général*.

Eh non ! j'irai moi-même... je saurai..

(Pendant qu'ils parlent, Joseph paraît frappé d'une idée subite. Il se frappe
la tête, sourit et sort en courant.)

SCÈNE VIII.

LE GÉNÉRAL, Mme DE MORIN.

Mme DE MORIN.

Eh bien ! ce garçon-là est fou !...

★ Joseph, le général , Mme de Morin.

LE GÉNÉRAL.

Où va-t-il maintenant, sans me laisser son nom, sa demeure ?

Mᵐᵉ DE MORIN.

Ils sont fiers, ces petites gens... refuser des bienfaits, de l'or !

LE GÉNÉRAL.

Et c'est bien à lui... Vous croyez que tout est fini quand vous avez dit : voilà de l'or ! Eh morbleu ! madame, l'or ne paie pas tout ; c'est la façon de donner qui fait le bienfait... et quand on a de l'ame comme ce garçon-là... En vérité, cet enfant m'a tout bouleversé. Avez-vous vu ce sang-froid, ce courage ?...

Mᵐᵉ DE MORIN.

Je n'ai vu qu'un ouvrier fort mal appris, je vous assure.

LE GÉNÉRAL.

Qui vous a donné une bonne leçon, et vous la méritiez.

Mᵐᵉ DE MORIN.

C'est cela, prenez son parti... Je suis étonnée que vous ne donniez pas sa sœur pour femme à votre fils, pendant que vous êtes dans un de vos accès... de... *populasserie !*

LE GÉNÉRAL.

Eh ! vous savez bien que je ne le ferai pas, que je n'irai pas me punir des fautes de votre neveu !

Mᵐᵉ DE MORIN.

C'est heureux...

LE GÉNÉRAL.

Vous me croyez donc aussi extravagant que vous ! Mais, voyez-vous, mon fils ne vaut pas ce garçon-là...

Mᵐᵉ DE MORIN.

Laissez-moi donc tranquille ?

LE GÉNÉRAL.

Non, non, il ne le vaut pas.

Mᵐᵉ DE MORIN.

A votre avis.... parce que pour vous, le peuple...

LE GÉNÉRAL.

Eh ! le peuple, le peuple !.. qu'est-ce que je suis donc ?.. d'où suis-je donc sorti ?.. et votre mari ?..

Mᵐᵉ DE MORIN.

Général...

LE GÉNÉRAL.

Eh ! oui... votre mari... nous étions, comme celui-là, des enfans de Paris, non pas imprimeurs, mais deux fils de charron, mais comme celui-là aussi, nous avions du cœur...

nous voulions faire notre chemin... et nous serions peut-être
restés en route... sans l'empereur!.. qui s'est trouvé là...
qui nous a emportés dans son tourbillon... La chance était
tout... celui-là était tué, l'autre devenait duc, maréchal...
que sais-je?.. c'est comme ça que votre mari a été fait baron
et moi comte de l'empire... voilà notre noblesse, madame...
nobles nouveaux!.. ce qui ne nous empêche pas quelquefois
d'être fiers comme les anciens... dont nous nous moquons...
et d'oublier comme eux que nous sommes sortis... du peuple,
voyez-vous?.. eh! mon Dieu! moi le premier... Quand je me
vois avec mon grand cordon... mes ordres et mon habit brodé
assis à la chambre, à côté de quelques vieux noms, et que l'on
donne du *monsieur le comte* à ma vanité... je me surprends
quelquefois à être aussi ridicule que vous... lorsque vous ajou-
tez un *de* à votre nom de Morin... et que vous allez vous pava-
ner dans le salon de quelque famille princière, ou dans un
cercle de la cour... vous, la fille du bonhomme Vacherot...
un marchand de laine d'Arpajon, qui ne vous avait, ma
foi, pas créée et mise au monde pour être une duchesse....

Mme DE MORIN.

Général!... général... rappelez-vous que mon mari...

LE GÉNÉRAL.

Votre mari... était du peuple...

Mme DE MORIN.

Ce n'est pas vrai!..

AIR de *Téniers.*

LE GÉNÉRAL.

Oui, du peuple. comme moi-même.

Mme DE MORIN.

Ce n'est pas vrai!..

LE GÉNÉRAL.

    Si fait vraiment,

Il était soldat.

Mme DE MORIN.

    Quel blasphème!

Mon mari!

LE GÉNÉRAL.

Soldat simplement.

C'est notre gloire la plus belle!

Quel cœur d'orgueil ne battrait pas,

Quand, arrivé si haut, on se rappelle

Qu'on était parti de si bas.

Et mon fils pour l'avoir oublié?..

Mme DE MORIN.

Votre fils!.. c'est un noble jeune homme!..

LE GÉNÉRAL, *s'asseyant à droite.*

C'est un misérable... et si je l'avais au bout de ma canne!..

    (Il brandit sa canne.)

SCÈNE IX.

Les Mêmes, AMÉDÉE *puis* HILAIRE.

AMÉDÉE, *entrant vivement par la porte à gauche.*
Ma tante, dites-vous ?..

LE GÉNÉRAL.
Le voici !..

Mme DE MORIN, *se jetant au-devant d'Amédée.*
Amédée ! sortez !..*

AMÉDÉE.
Eh ! pourquoi ?

LE GÉNÉRAL.
Restez, monsieur... approchez.

(Il jette sa canne.)

Mme DE MORIN, *à mi-voix.*
Surtout ne l'irritez pas...

(Elle passe à la droite du général. **)

AMÉDÉE.
Qu'est-ce donc, mon père ?.. cet air agité...

LE GÉNÉRAL.
Vous vous êtes déshonoré, monsieur...

AMÉDÉE.
Général...

LE GÉNÉRAL.
Vous vous êtes introduit depuis quelque tems dans une famille pauvre, mais honnête... à ce que je puis croire...,

AMÉDÉE.
Général... vous savez...

LE GÉNÉRAL.
Point de feinte.... point de phrase !.. répondez...

AMÉDÉE.
Il est vrai...

LE GÉNÉRAL.
Vous y avez porté le désordre... l'opprobre... en abusant une jeune fille sans défiance.

Mme DE MORIN.
Folie de jeune homme.

LE GÉNÉRAL, *brusquement à Mme de Morin.*
Je ne vous parle pas... (*A son fils.*) Une jeune fille que vous avez trompée pour la perdre.

---

* Le général, Mme de Morin, Amédée.
** Mme de Morin, le général, Amédée.

AMÉDÉE.

Vous savez tout, mon père... oui, j'aimais cette jeune fille vers laquelle mon cœur m'a emporté malgré moi... et cette faute que je voudrais payer de mon sang...!

Mme DE MORIN, *lui faisant signe de la tête.*

Bien ! bien !...

LE GÉNÉRAL.

Cette faute !.. c'est un crime, monsieur... Eh ! je sais ce que l'âge permet..., ce que la passion excuse..... mais, quand c'est une trahison... une lâcheté...

AMÉDÉE.

Général... je suis coupable sans doute... mais le ciel m'est témoin que vingt fois, honteux, désespéré... j'aurais voulu me jeter à vos pieds... vous avouer notre amour... vous demander votre aveu... mais j'ai craint votre colère...

LE GÉNÉRAL.

Et vous avez bien fait !... le nom que vous portez vous impose des devoirs...

M^mie DE MORIN.

Assurément.... il ne peut...

LE GÉNÉRAL, *brusquement à Mme de Morin.*

Je ne vous parle pas... (*A son fils.*) Des devoirs qu'il fallait vous rappeler plutôt !.... l'honneur de cette fille... de son frère... de sa bonne vieille mère, dont elle est le soutien sans doute... Qu'était-ce donc pour un dandy? pour un fashionable?.... il fallait tuer ce tems que vous perdez... et c'est sans doute en sortant d'une orgie que cette belle idée vous est venue !

AMÉDÉE.

Il me semble que ma conduite?..

LE GÉNÉRAL.

Votre conduite est celle d'un imposteur... d'un infâme...

AMÉDÉE.

Monsieur !...

M^mie DE MORIN.

Monsieur le comte... songez...

LE GÉNÉRAL, *à Mme de Morin avec colère.*

Je ne vous parle pas... (*A Amédée.*) Oui... d'un infâme !.. Comment vous êtes-vous présenté dans cette maison ? Avez-vous dit à ces bonnes gens : « Je suis un homme à la mode, » l'héritier d'une grande famille... perdant mon tems dans » l'oisiveté ou pis que cela... parce que mon père a eu l'avan- » tage de se faire cribler de blessures pour me laisser un » nom, un rang, une fortune? » On vous eût fermé la porte...

mais non... mais non... vous avez eu recours au mensonge...
vous vous êtes donné pour artiste... pauvre comme elle... vous
avez promis d'épouser...

AMÉDÉE.

Oh! grâce, mon père!...

LE GÉNÉRAL.

Pour l'abandonner un jour...

Mme DE MORIN.

Parce qu'il a caché son nom!..

LE GÉNÉRAL.

Oui, son nom... son rang... et jusqu'à ce ruban que vous
avez obtenu pour lui... pour le mettre à la mode... on vous l'a
donné à cause de moi... pour me flatter, me cajoler peut-être...
(*A Amédée.*) et vous, vos titres?.. rien, comme tant d'autres...

(Mouvement d'Amédée.)

AIR : *J'aime Agnès.*

Pour quel talent, pour quel mérite,
Vous a-t-on accordé cela?
Avec cette croix est-on quitte,
Quand on l'obtient?... Tout ne finit pas là.
Non, non, tout ne finit pas là!
Le cœur sur lequel on l'attache,
A des devoirs qu'il lui faut respecter,
Monsieur!... Et celui qui la cache
N'est pas digne de la porter.

(*Il lui arrache le ruban noué à sa boutonnière.*)

AMÉDÉE, *hors de lui.*

Monsieur...

Mme DE MORIN.

Grand Dieu! que faites-vous?...

LE GÉNÉRAL, *avec noblesse.*

Eh bien! monsieur?..

AMÉDÉE.

Monsieur... vous êtes mon général... vous êtes mon père...
je dois baisser la tête... mais je me vengerai.

(Il sort précipitamment par la gauche.)

Mme DE MORIN, *voulant retenir Amédée.*

Amédée... mon ami... (*Au général.*) Vous êtes un cheval de
bataille...

LE GÉNÉRAL.

Je ne vous parle pas, madame, laissez-moi...

(Il se jette dans un fauteuil à droite.)

Mme DE MORIN.

Mais vous pardonnerez à votre fils...

LE GÉNÉRAL.

Jamais, si vous vous en mêlez.

Mme DE MORIN.

Je me charge de cette jeune fille... je vais m'en occuper...
savoir de votre fils. . je ne le quitte pas.

(Elle sort comme Amédée.)

LE GÉNÉRAL, *se levant et traversant le théâtre.*

Allez-vous-en au diable et lui aussi ! et toutes les grisettes
de Paris... ils me feront remonter la goutte... ils me tueront !. *
(*Il se jette sur son canapé. Hilaire paraît au fond.*) Qu'est-ce ?

HILAIRE.

Pardon ! je venais... Monsieur ne déjeune pas ?...

LE GÉNÉRAL.

Non !... emportez cela... et laissez-moi... je ne veux voir
personne... personne, entendez-vous ?

(Hilaire sort par la chambre du général.)

SCÈNE X.

LE GÉNÉRAL, JOSEPH, *puis* ELISA.

JOSEPH, *entr'ouvrant la porte du fond.*

Général !..

LE GÉNÉRAL, *se retournant.*

Hein ? encore ! qu'est-ce que tu me veux ?

JOSEPH.

Ce n'est pas moi, mon général, c'est ma sœur.

LE GÉNÉRAL.

Ta sœur...

JOSEPH.

Chut !... vous vouliez la connaître... je ne demande pas
mieux... et comme votre goutte vous retiendrait encore long-
tems peut-être... il paraît que c'est très-gênant... alors, j'ai
dit : c'est elle qui viendra... chaud ! chaud ! et je l'ai amenée...
et puis la grand'mère, voyez-vous, nous ne voulons pas
qu'elle se doute de rien.

LE GÉNÉRAL.

Eh bien ! ta sœur ! ta sœur !...

JOSEPH, *montrant la porte du fond.*

Elle est là... je vais la faire entrer. (*Il va pour sortir et revient.*)
Dites donc, elle ne sait pas qu'elle est chez vous au moins... elle
n'aurait jamais voulu... je lui ai parlé d'ouvrage... de musique
à copier.

LE GÉNÉRAL.

Ah! c'est son état...

JOSEPH.

Causez-lui de ça... mais n'ayez pas l'air de savoir...

LE GÉNÉRAL.

Bien! bien! mon ami... (*Joseph va au fond.*) Bon petit homme, j'aurais été fâché de ne pas le revoir.

JOSEPH, *rentrant avec Élisa.*

Entre, Lisa... as-tu essuyé tes pieds?.. N'aie pas peur, salue M. le général... (*à mi-voix*) c'est un général... un vieux...

LE GÉNÉRAL.

Approchez, mademoiselle, approchez! (*A part.*) Un enfant!.

ÉLISA.

Monsieur... (*A Joseph.*) Mais tu m'avais dit que c'était une dame...

JOSEPH.

Oh! une dame... ou un général... qu'est-ce que ça fait?

LE GÉNÉRAL.

Oui, j'ai voulu vous voir, causer avec vous... asseyez-vous.

ÉLISA.

Monsieur...

LE GÉNÉRAL.

Asseyez-vous donc!..

JOSEPH.

Assieds-toi... et ne tremble pas. (*Il la fait asseoir à la droite du général. A mi-voix.*) Il a l'air brutal... mais c'est un bon homme... tu sais, les vieux troupiers... c'est toujours comme ça... tu en as vu au Cirque.

LE GÉNÉRAL, *d'un ton brusque.*

Mademoiselle... c'est donc vous?...

(Elisa se relève.)

JOSEPH, *à mi-voix, au général.*

Ah çà! dites donc... ne brusquez pas ma sœur comme ça, vous... c'est qu'elle n'y est pas habituée... avec votre grosse figure... votre grosse voix... quelqu'un qui ne vous connaît pas... moi, je vous connais, ça va tout seul.

LE GÉNÉRAL, *doucement.*

Tais-toi!.. (*A Elisa.*) Allons, mon enfant, asseyez-vous; je vous en prie... (*avec bonté*) je vous en prie...

Il regarde Joseph qui lui fait signe que c'est bien.)

JOSEPH, *derrière le fauteuil d'Élisa.*

A la bonne heure, c'est gentil.

LE GÉNÉRAL.

Mademoiselle, rassurez-vous... j'ai à me plaindre, mais pas de vous... vous m'avez l'air honnête!..

ÉLISA.

Monsieur, mon frère m'a dit que c'était pour...

JOSEPH.

Tais-toi donc!.. laisse-le parler, cet homme...

LE GÉNÉRAL.

Vous ne me connaissez pas... je suis le général Morin... le père de M. Amédée...

ÉLISA, *se levant et voulant se retirer.*

Monsieur... monsieur...

JOSEPH.

Comme c'est adroit!..

LE GÉNÉRAL, *la retenant.*

Restez!.. je ne vous accuse pas... je ne me fâche pas...

ÉLISA.

Ah! Joseph! tu m'as trompée...

JOSEPH.

C'est pour ton bien, ma fille... n'est-ce pas, général... Allons, ne pleure donc pas comme ça!... tu vas me faire pleurer aussi.

(Il la force à se rasseoir.)

LE GÉNÉRAL.

Allons, éloigne-toi... laisse-nous...

ÉLISA, *le retenant.*

Mon frère...

JOSEPH.

Sois tranquille... je suis là...

(Il va au fond et s'assied sur un bras de fauteuil.)

LE GÉNÉRAL.

Oui, je suis son père... il vous a trompée, n'est-ce pas?

ÉLISA.

Ah! monsieur... si vous saviez quelle perfidie... je l'aimais tant! je le croyais de si bonne foi!..

AIR d'Henri IV.

Il se disait notre égal, notre ami;
Et tous les jours de le voir, de l'entendre
J'étais contente, et ma grand'mère aussi,
C'était pour elle un fils, et le fils le plus tendre.
De moi, toujours il semblait s'occuper,
Et je croyais à son amour extrême...
J'ignorais que l'on pût tromper
Celle à qui l'on dit; je vous aime!..

LE GÉNÉRAL.

Mais votre mère....

ÉLISA.

Ce n'est que d'hier qu'elle a eu des soupçons, et s'il faut jamais qu'elle sache la vérité... Oh ! non, monsieur, vous ne savez pas... vous ne pouvez pas comprendre à quel point je suis malheureuse...

(Joseph tient son mouchoir, et s'essuie les yeux.)

LE GÉNÉRAL.

Voyons, voyons... mon enfant, du courage... (*A part, s'essuyant les yeux.*) Allons, allons. (*Haut, l'observant.*) Vous ignoriez donc tout-à-fait qu'il était noble, riche..., et...

ÉLISA.

Oh ! oui, monsieur... ce n'était qu'un peintre de décors, travaillant pour un théâtre...

JOSEPH, *s'approchant vivement.*

Puisqu'il me promettait toujours des billets de l'Ambigu... et que...

LE GÉNÉRAL, *vivement.*

Je t'ai dit...

JOSEPH.

Oui, mon général !... (*Il retourne s'asseoir en disant à Élisa.*) Après !... après !...

ÉLISA.

Il venait toujours assez tard... à la veillée... après son travail, disait-il... quand ma grand'mère était endormie... et que j'étais seule à copier de la musique... il m'en faisait copier même... pour lui ou ses amis... je ne sais pas...

LE GÉNÉRAL.

Il vous payait votre travail... bien cher...

ÉLISA.

Il le voulait toujours... mais moi je n'ai jamais rien reçu. (*Le général se rapproche d'elle.*) Oh ! mon Dieu !... j'ai bien fait !...

LE GÉNÉRAL.

Il devait vous épouser... il disait...

ÉLISA.

Oui, monsieur le général... mais toujours des retards... je lui en faisais des reproches... mais il avait toutes sortes de raisons... et moi je le croyais toujours. « Mon père est très-dur, très-sévère, » disait-il...

LE GÉNÉRAL.

Ah !... il disait cela...

ÉLISA.

« Il ne me laissera me marier que lorsque j'aurai mon état
» fait... mais ce sera bientôt!... tu seras ma femme! » Et puis
il était triste... il ne travaillait plus... il voulait mourir... et
moi, pauvre fille... ma confiance était sans bornes comme mon
amour. (*Se laissant aller à genoux.*) Oh! pardon, monsieur
le général...

JOSEPH, *se rapprochant.*

Ma sœur...

ÉLISA.

Je ne l'aime plus... je veux le fuir... ne jamais le voir... ce
n'est que d'hier seulement que j'ai appris mon malheur...
c'est de savoir qu'il m'a trompée... c'est de voir ma pauvre
mère mourir de chagrin... oh! oui... je le déteste autant que
je l'ai aimé... et je voudrais être morte...

LE GÉNÉRAL, *très-ému.*

Soyez tranquille... je l'ai chassé de ma présence... il n'est
plus rien pour moi...

ÉLISA, *se relevant.*

O ciel!... chassé par son père... et pour moi!... à cause de
moi... Oh! non, monsieur... que je sois la seule à plaindre,
ne chassez pas votre fils... je vous en conjure à genoux... il
serait si malheureux... c'est votre fils... votre enfant.. oh! de
grâce... pardonnez-lui, monsieur... pardonnez-lui...

(Joseph vient auprès du canapé, et se place à la gauche du général.)

LE GÉNÉRAL, *ému et à part.*

Et elle dit qu'elle ne l'aime plus!...

JOSEPH, *s'essuyant les yeux.*

Il a bien fait, le général.

ÉLISA, *avec plus de chaleur.*

Un père ne plus revoir son fils... est-ce que c'est possible?
mais, non, vous souffririez trop... et votre vieillesse serait
trop malheureuse...

LE GÉNÉRAL, *réprimant son émotion.*

Rassurez-vous... oh! je ne serai pas seul... non, certes, je
ne serai pas seul... mais vous... (*Après réflexion.*) Vous savez
lire?...

ÉLISA, *étonnée.*

Oui, monsieur...

JOSEPH.

Belle demande!... ma sœur qui a été élevée à Saint-Denis,
à la Légion-d'Honneur... une éducation superbe...

LE GÉNÉRAL.

Ah!... votre père, un militaire?...

ÉLISA.

Oui, monsieur...

LE GÉNÉRAL.

Et son nom ?

JOSEPH.

Meunier.

LE GÉNÉRAL.

Meunier !... je connais ce nom-là... oui... un sergent.

JOSEPH.

Passé lieutenant à Eylau... rien que ça.

LE GÉNÉRAL.

Une connaissance de Wagram..... un brave homme... c'est moi qui l'ai fait décorer.

JOSEPH.

A Wagram !... c'était lui.

LE GÉNÉRAL, *avec hésitation.*

Et... il est.....

ÉLISA.

Mort.

LE GÉNÉRAL.

Mort !... encore un !

JOSEPH.

Il est mort capitaine aux Invalides.

LE GÉNÉRAL.

Ah !...

JOSEPH, *s'emportant.*

...S'il vivait... nous ne serions pas là... on ne nous insulterait pas...

(Élisa et le général se lèvent.)

ÉLISA.

Mon père...

LE GÉNÉRAL.

Allons, voyons... qui est-ce qui vous insulte ?.. qui est-ce qui vous dit ?

SCÈNE XI.

LES MÊMES, Mme DE MORIN.

Mme DE MORIN.

Ah !.. mon frère, je vous retrouve....

JOSEPH *.

Ah !... celle qui n'est pas bonne...

★ Elisa, le général, Mme de Morin, Joseph.

Mme DE MORIN, *sans voir Élisa qui est cachée par le général.*

C'est encore toi, petit... j'ai une bonne nouvelle à te donner.. et à vous, général.. cette jeune fille, vous savez... Ah ! je suis enchantée de faire quelque chose pour eux... je ne puis pas la prendre parce que vous concevez.. chez moi...

LE GÉNÉRAL.

Que voulez-vous dire ?

Mme DE MORIN.

Eh bien, oui... je la place fille de confiance chez ma sœur...

LE GÉNÉRAL.

Oui... femme de chambre...

JOSEPH.

Plaît-il?...

ÉLISA.

Moi !...

Mme DE MORIN, *l'apercevant.*

Ah ! c'est elle.... bien.... très-bien !... cinq cents francs... et j'ajouterai...

JOSEPH.

Femme de chambre...

Mme DE MORIN.

Femme de confiance...

ÉLISA.

Jamais !...

JOSEPH.

Merci, madame... mais voyez-vous, ma sœur est ouvrière... elle n'est pas faite pour être domestique... nous ne mangeons pas de ce pain-là.. notre père ne nous a pas élevés à ça... faut avoir un cœur fait exprès, et si cela vous convient...

Mme DE MORIN.

Mais quelle fierté !.. je n'y comprends rien. Ils refusent de l'argent... ils refusent des places...

JOSEPH.

Ça dépend de l'idée...

Mme DE MORIN.

Vous êtes un sot...

ÉLISA.

Madame...

Mme DE MORIN.

Que deviendrez-vous ?

LE GÉNÉRAL.

Cela ne vous regarde pas.... et pour réparer vos sottises,... je lui offre une place aussi, moi.. une place qu'elle ne refusera pas, près de moi..... à mon hôtel, à la campagne, pour

les soins, la lecture... elle ne me quittera plus... ce sont les
enfans d'un brave homme... des orphelins... je m'en charge..
s'ils y consentent....

ÉLISA.

Ah ! monsieur le général...

JOSEPH.

Et grand'mère aussi, n'est-ce pas ?...

Mme DE MORIN.

Mais, mon frère.. les convenances... au moment d'un mariage pour mon neveu.

LE GÉNÉRAL.

Eh ! allez vous promener avec votre neveu... je ne le verrai
plus... je ne veux plus entendre parler de lui !... (*Montrant
Élisa en larmes.*) Voyez... mais voyez donc...

ÉLISA, *apercevant Amédée qui entre.*

Ah !.. c'est lui !...

JOSEPH.

Amédée !

(Il s'élance vers lui. Mme de Morin le retient.)

LE GÉNÉRAL.

Eh !... veux-tu bien... enragé...

SCÈNE XII.

LES MÊMES, AMÉDÉE.

AMÉDÉE.*

Votre main, mon père !... votre main !... ne me repoussez
pas... car pour être digne de vous... (*Apercevant Élisa.*) Ciel !
Élisa ! Ah ! mon père... je suis encore plus coupable à vos
yeux que je ne croyais...

LE GÉNÉRAL , *sévèrement.*

Que venez-vous faire ici , monsieur ?...

AMÉDÉE.

Je viens vous dire que tout est fini entre moi et ce monde
dont vous me reprochez les plaisirs et les folies... je ne serai
plus un homme inutile... j'ai un affront à effacer.

Mme DE MORIN.

Comment !...

______

* Elisa, le général, Amédée Mme de Morin , Joseph.

AMÉDÉE.

J'ai vu le ministre de la guerre, à votre nom il m'a accordé ce que je lui demandais... l'honneur de prendre du service... et je vous le jure, mon père... si je ne suis pas tué... je reviendrai du moins digne de vous... et d'elle... d'elle que j'aime plus que jamais...

ÉLISA.

Et il part !

JOSEPH.

Ah ! mais dites donc... avant ça.....

Mme DE MORIN.

Eh !... nous ne permettrons pas...

LE GÉNÉRAL.

Je permets, moi !... allez, monsieur, distinguez-vous , je le désire, je l'espère... ce que vous faites-là est déjà bien... vous avez du cœur... de la résolution... je suis content. (*Lui tendant son ruban.*) Tenez , reprenez cela..

AMÉDÉE, *lui baisant la main qu'il lui tend.*

Ah ! merci, général , merci.

Air : *J'aime Agnès.* (Le même.)

Je le reprends, mais comme un gage ,
Pour l'avenir... qui commence aujourd'hui !
Vous m'avez rendu mon courage,
Et vous me reverrez ici,
Digne de vous et digne d'elle aussi.
Par cette croix j'effacerai, j'espère,
L'affront que j'ai pu mériter ;
Je veux que vous disiez , mon père ,
Il est digne de la porter !

ÉLISA , *étouffant de larmes et d'une voix suppliante.*

Ah ! monsieur, vous resterez donc seul...

AMÉDÉE.

Élisa !...

LE GÉNÉRAL.

Seul !... non... puisque tu me restes... ma fille... mon enfant...

ÉLISA.

Ah !... ce n'est pas la même chose...

LE GÉNÉRAL , *à Amédée avec émotion.*

Et quand vous aurez un état... un nom à vous... quand vous serez digne d'elle... digne de la fille d'un brave officier, eh bien ! vous reviendrez, vous me demanderez la main de mon enfant. et je verrai si je puis vous l'accorder...

AMÉDÉE, *d'une voix éteinte.*

Oui, mon père !...

JOSEPH, *attendri.*

Bien... bien... bien !...

ÉLISA , *se soutenant à peine.*

Ah ! mon Dieu !...

Mme DE MORIN.

A la bonne heure... mais vous n'irez pas jusque-là...

LE GÉNÉRAL , *se montant peu à peu.*

Et qui m'en empêcherait ?..

Mme DE MORIN.

Assez de folie !... quant au mariage...

LE GÉNÉRAL.

Je le ferai si je veux...

Mme DE MORIN.

Vous ne le ferez pas...

LE GÉNÉRAL.

Mais si... si... si...

Mme DE MORIN.

Mais non... non, non !...

LE GÉNÉRAL.

Vous m'en défiez...

Mme DE MORIN.

Certainement....

LE GÉNÉRAL , *hors de lui à Amédée.*

Eh ! bien... tiens... prends-la tout de suite... ne fût-ce que pour la faire enrager...

(Il fait passer Amédée auprès d'Élisa.)

AMÉDÉE.

Mon père... se peut-il ?...

ÉLISA.

Amédée!... ah! monsieur...

JOSEPH, *sautant de joie.*

Très-bien.. très-bien... très-bien...

Mme DE MORIN.

L'accès va loin, général!...

LE GÉNÉRAL.

Vous marierez votre baron comme vous voudrez... je marie mon fils comme je l'entends !... (*A Élisa et à Amédée qui lui pressent les mains.*) Merci !... merci... il faut être homme d'honneur avant tout!...

JOSEPH, *s'essuyant les yeux.*

Brave général, va! Vive la vieille garde! et ma pauvre grand'mère... ah! que je suis content?... (*Il fond en larmes.*) J'ai envie de rire et je ne peux pas...

LE GÉNÉRAL.

Eh bien! toi qui danses là-bas... drôle que tu es... c'est pourtant toi qui as fait tout cela... qu'est-ce que tu veux être?..

JOSEPH.

Moi, mon général... je veux continuer mon état, faire mon chemin, comme mon patron... qui est riche... décoré... député, marié... enfin, tout!... ça viendra... dam!... faut le tems...

(*Musique jusqu'à la fin.*)

LE GÉNÉRAL.

A la bonne heure... mais pendant que je suis en train, je veux faire quelque chose pour toi... Qu'est-ce que tu voudrais?.. voyons...

JOSEPH.

Je voudrais quelque chose qui me ferait bien plaisir; mais vous ne voudrez peut-être pas?

LE GÉNÉRAL.

Voyons, qu'est-ce que c'est?... parle.

JOSEPH.

Tenez, mon général, je voudrais vous embrasser...

LE GÉNÉRAL, *lui tendant les bras.*

Eh ! viens, mon garçon.

(Joseph s'y précipite. Le rideau tombe.)

FIN

9 782329 012537